VIES PASSÉES HEUREUSES

OUTILS THÉRAPEUTIQUES AU PRÉSENT

Louise Courteau, éditrice inc.
481, chemin du Lac Saint-Louis Est
Saint-Zénon (Québec) Canada
J0K 3N0

Illustration de la couverture :
    Jean-Marie Simard, La quête du Graal (16" X 20")
    acrylique sur bois.

Dépôt légal : dernier trimestre 1994
Bibliothèque nationale du Québec
Bibliothèque nationale du Canada
Bibliothèque nationale de France

ISBN 2-89239-173-3

PIERRE DUBUC

VIES PASSÉES HEUREUSES

OUTILS THÉRAPEUTIQUES AU PRÉSENT

Page Couverture

Jean-Marie Simard, Artiste-peintre

C'est après une trentaine d'années d'apprentissage en art et en spiritualité que Jean-Marie Simard devient le peintre et le communicateur, qu'au fond, il a toujours été.

Ce qui en fait un visionnaire, c'est le processus universel par lequel il puise en lui, comme dans une corne d'abondance, les merveilles du pays intérieur. Cet artiste se distingue par sa façon originale d'utiliser l'acrylique : l'œuvre évoque le raffinement et l'intensité de la sculpture.

Les collections «Page d'Absolu» et Profil Céleste» regroupent des œuvres d'une luminosité particulière et d'une fluidité incomparable. C'est dans la nature, au contact de l'eau, que le peintre a créé ses magnifiques séries. Dans chacun des tableaux, on retrouve une lumière centrale douce et vivante où baignent en liberté une infinité de luminaires, compagnons respectueux de notre voyage intérieur.

Sa création actuelle l'amène à voyager à travers l'Amérique elle est surtout composée de tableaux personnalisés et de murales.

Table des matières

INTRODUCTION

Voilà plusieurs années que ma petite voix intérieure me suggère d'écrire un livre sur les vies passées. C'est la même petite voix qui m'avait patiemment talonné pendant une dizaine d'années pour rédiger ma première publication, *Sobriété Heureuse*. À cette époque, je travaillais depuis environ dix ans dans le domaine de la réhabilitation des alcooliques et toxicomanes. Je me souviens de ce jour de septembre 1979 où j'ai pris conscience d'une façon exceptionnellement claire de mon désir de rédiger un livre qui pourrait rendre service aux personnes aux prises avec un problème de drogue ou d'alcool. L'année suivante, en 1980, je publiais *Sobriété Heureuse*, qui a rendu service à plusieurs milliers de lecteurs.

Je me rappelle en particulier du jour du lancement, j'étais tellement fier de mon accomplissement. Je ressentais le plaisir du partage de mes sentiments et de mes idées dans cet ouvrage. Surtout j'avais l'impression d'apporter ma petite contribution à la solution d'un problème humain auquel j'avais dédié ma carrière à ce moment-là. Pendant les quelques semaines suivantes, je me suis senti comme flotter sur un nuage, un peu comme un athlète qui a gagné une médaille d'or.

Aussi, quand de nouveau j'ai entendu cette même petite voix intérieure me souffler de reprendre la plume, j'ai tendu l'oreille plus rapidement. Je connaissais le plaisir qu'a un auteur d'être publié et je me savais capable de mener à terme un deuxième ouvrage. C'est avec enthousiasme que je me suis mis à la tâche.

J'ai commencé à pratiquer la méthode de retour dans les vies passées il y a environ quinze ans. À cette époque, j'étais directeur d'un service dans un centre de réadaptation pour alcooliques et toxicomanes. Après avoir suivi une formation en hypnothérapie, mon équipe et moi-même avons mis sur pied un programme de réadaptation d'inspiration *hypno-behavioral*. Durant une période de sept ans, nous avons donc exploré le potentiel de l'hypnothérapie et des méthodes comportementales avec 1800 résidants, lesquels sont demeurés en stage interne pour une durée moyenne de trois semaines chacun.

Or, un jour, se présenta un client qui manifestait un symptôme d'angoisse dont il était impossible de retracer la cause dans sa vie présente. Ce client était un homme très cultivé, ouvert aux différents concepts religieux, dont celui de la réincarnation. Il s'avérait aussi un excellent sujet pour l'hypnose. Il voulait absolument se défaire de cette angoisse qui le pourchassait depuis une date précise, soit à partir du moment où une femme était entrée dans sa vie pour devenir sa conjointe. Cependant rien n'expliquait cette anxiété qui le tenaillait; nous avions beau chercher, le problème ne semblait pas avoir d'issue.

Je venais de terminer la lecture du livre d'Edith Fiore, *Nous avons tous déjà vécu*. Dans cet ouvrage, l'auteure décrit sa méthode de régression dans les vies antérieures au moyen de l'hypnose. Je mis donc mon client au courant de cette méthode en lui demandant s'il était intéressé à en tenter l'expérience et en partageant avec lui mon hypothèse que la cause de son angoisse se situerait dans une vie passée. Mon sujet, étant un homme à l'esprit chercheur qui n'avait pas peur de l'inconnu et qui était surtout très motivé à se guérir de son problème, accepta donc d'emblée ma proposition.

Quoique curieux moi-même, j'étais pourtant inquiet de tenter cette expérience. C'était pour moi une frontière que je n'avais jamais franchie. J'avais lu sur la réincarnation. Cependant, tout ce que je possédais comme connaissances pour aider mon client à régresser dans une vie passée se limitait au contenu du livre d'Edith Fiore.

Sur le plan de mon travail, je me sentais seul. Je savais très bien que je n'aurais aucun appui de la direction, laquelle ne m'aurait jamais donné son assentiment si je m'écartais des normes établies. À tort ou à raison, je craignais de perdre mon emploi si on me soupçonnait de pratiquer des régressions dans des vies antérieures. La pratique de l'hypnothérapie comme telle était acceptée à la limite par la direction de la clinique, mais de l'utiliser à des fins de régression dans les vies passées aurait dépassé sa tolérance.

Malgré cela, fort de mon expérience en hypnothérapie, guidé par ma petite voix intérieure qui m'encourageait à foncer, et motivé par mon désir d'aider mon client, je me suis lancé dans cette aventure en suivant scrupuleusement la méthode d'Edith

Fiore. À ma grande surprise, mon sujet s'est retrouvé dans une vie passée, très loin en arrière dans le temps, dans une situation où il était menacé de mort à cause de sa relation avec une femme, l'image même de sa nouvelle conjointe. Toujours à ma grande surprise, non seulement il y a retracé l'origine de son angoisse, mais celle-ci disparut par la suite dans sa vie présente et mon client fut très satisfait de l'expérience.

Non seulement rien de catastrophique n'est arrivé, mais ma curiosité s'est accrue par ce succès et le désir d'aller au-delà de cette nouvelle frontière si prometteuse et si fascinante a augmenté. J'avais l'impression d'avoir, moi aussi, découvert l'Amérique. J'ai remercié intérieurement plusieurs fois Edith Fiore, et je me suis mis à dévorer d'autres livres sur le sujet. Graduellement et prudemment, j'ai augmenté ma pratique des retours dans des vies passées avec mes clients, mais toujours dans la clandestinité. J'étais père d'une jeune famille et j'avais besoin de mon emploi pour survivre financièrement.

Éventuellement, j'ai quitté cet emploi. Quelques années plus tard, j'ai pris le risque d'ouvrir mon propre bureau à temps plein. Et là, c'est en toute liberté que je me suis permis d'explorer plus avant cette approche thérapeutique. Des expériences parfois planifiées, parfois imprévues, m'ont permis de faire des découvertes fascinantes. C'est cette expérience que je veux partager avec vous.

Ma voix intérieure m'encourage à écrire ce livre depuis environ quatre ans. J'ai répondu à l'appel de mon mieux. Au début, j'ai mis l'accent sur une approche littéraire scientifique, soit une description technique et objective de cette thérapeutique, qui devait nécessairement prouver la réalité de la réincarnation. Cependant, je me suis aperçu que ce n'est pas à moi d'apporter cette preuve, et surtout que ce n'est pas de cela dont les gens ont besoin. À ceux qui veulent absolument des preuves de la réincarnation par le retour dans des vies passées, je recommande le livre d'Helen Wambach, *Revivre le Passé*. Ils y trouveront matière à réflexion qui pourront les satisfaire.

À un moment donné, à cause de mes écrits, je me suis heurté aux résistances du monde extérieur à l'égard de mon approche. Jusque-là, je n'avais eu à faire face qu'à celles de mes clients, ce qui était assez facile. Mais voilà que, durant une période de quelques mois, j'ai reçu une avalanche de critiques, de manifestations de rejet et d'hostilité ouverte auxquelles je ne m'attendais pas. Cette condamnation provenait, en grande partie, d'ex-collègues avec lesquels je renouais connaissance après plusieurs années, ou de professionnels en psychothérapie que je consultais dans le but d'obtenir des commentaires sur mes textes. Certains mettaient en doute la crédibilité de mes clients, certains me citaient Freud en prétendant que ce dernier n'avait jamais fait allusion aux vies antérieures, d'autres me prophétisaient que je serais ridiculisé par le milieu professionnel de Montréal. Un autre, professionnel lui-même et patron de l'un de mes clients pourtant enchanté de mes services, me menaçait de me faire exclure de ma corporation.

Au début, ma sensibilité en fut écorchée. Je me suis senti blessé par ces rejets et cette étroitesse d'esprit qui me condamnait d'avance. Mon enthousiasme se dégonfla un peu. Néanmoins, je me suis rendu compte jusqu'à quel point j'avais changé durant toutes ces années et que j'avais évolué de façon très différente de ces anciens collègues. J'ai constaté que ces gens se sentaient menacés de remettre en question leur conception de l'univers. Et je ne pouvais les en blâmer. Moi aussi, à un certain stade de ma vie, j'aurais été incapable d'accepter l'idée d'avoir vécu plusieurs vies.

Cependant, l'opposition même de ces gens m'a amené à réfléchir à la façon d'écrire mon livre. Paradoxalement, ils m'ont forcé à la remettre en question d'une manière bien différente qu'ils l'auraient anticipée. Au fond de moi-même, j'ai réalisé que si mes lecteurs avaient besoin d'un contenu objectif, ils avaient aussi grand besoin qu'y transparaissent mon cœur, mes sentiments, mes émotions et mes réactions personnelles pour leur permettre de me connaître davantage. J'ai aussi cru que mes lecteurs apprécieraient connaître mes clients sur le plan personnel, par les réactions et les témoignages de ces derniers.

J'ai donc repensé mon livre en tenant compte de tous ces aspects.

Les premiers chapitres sont consacrés à la démonstration de l'utilité du retour dans des vies passées «heureuses».

Le chapitre 1 présente ce concept dans une optique thérapeutique en prenant l'exemple d'une cliente qui souffre d'un problème universel, le problème de l'anxiété.

Le chapitre 2 décrit la contribution possible du retour dans des vies passées heureuses à la résolution du problème de l'inceste.

Le chapitre 3 décrit le même apport possible à la résolution du problème de l'agoraphobie.

Le chapitre 4 nous amène à la dimension de la croissance, lorsqu'un médecin apprend à se servir du retour dans des vies passées pour améliorer sa performance dans les arts, pour lui, une deuxième carrière.

Ce thème est développé dans le chapitre 5 et démontre comment les obstacles de nos vies passées peuvent nous servir de tremplin dans notre vie actuelle. Par exemple, nous examinons de quelle façon l'expérience de cécité dans une vie passée sert à l'une de mes clientes dans sa vie actuelle.

Le chapitre 6 porte sur les régressions dans l'enfance, comme méthode thérapeutique, pour régler divers problèmes dont l'origine unique se situe dans l'enfance. Parallèlement ce chapitre sert d'introduction pour mieux comprendre le mécanisme de la régression dans des vies passées traumatiques.

Le chapitre 7 traite d'ailleurs de ces dernières et présente diverses méthodes de régression dans des vies antérieures; nous examinons certains phénomènes de la régression dans une vie passée traumatique; puis nous passons en revue divers exemples de guérison à l'aide de retour dans des vies passées traumatiques.

Enfin, le chapitre 8 traite du principe du karma, dans l'optique de la continuité d'une vie à l'autre, pour démontrer l'utilité de se référer aux liens karmiques dans la guérison de certaines problématiques.

Le chapitre 9 expose la synthèse de la méthode thérapeutique des régressions, en cinq volets

thérapeutiques et grâce à la contribution de la co-
auteure de ce chapitre, soit une cliente qui partage
avec nous son cheminement personnel en thérapie.

Le chapitre 10, finalement, nous mène vers une
avenue très prometteuse pour l'avenir, soit l'utilisation
en groupe des retours dans des vies passées heureuses, dans une optique de croissance. Puis, ce dernier
chapitre présente trois conclusions différentes; la première, par une cliente par rapport à la méthode
thérapeutique; la seconde, par un client par rapport à la
méthode de croissance en groupe; la dernière, par
l'auteur lui-même.

Sens de certaines expressions utilisées

«Le retour dans une vie passée heureuse» signifie
le fait de retrouver dans sa mémoire des souvenirs
heureux et positifs dans une vie passée et de les
revivre.

«Le retour dans une vie passée traumatique» signifie le fait de retrouver dans sa mémoire un événement traumatique bien précis dans une vie passée et
de le revivre. Le reste de cette vie passée peut avoir
été heureuse.

Chapitre 1

Une régression dans une vie passée
peut-elle nous aider à régler nos problèmes?

Est-il juste de penser qu'une vie passée puisse constituer la clef de la solution de nos problèmes? Cela est-il vraiment possible? Comment peut-on avancer une telle affirmation? Pour le commun des mortels cette question paraît plutôt surprenante. Néanmoins, elle n'est pas plus étonnante pour nous à la fin du XXe siècle, que ne l'était la question de Copernic pour les gens du XVe siècle , à savoir si la terre était ou non le centre de l'univers.

Envisager tout d'abord l'ouverture à la croyance en la réincarnation, c'est s'ouvrir à la possibilité d'avoir vécu plusieurs vies, c'est s'ouvrir à la continuité de notre évolution au fil de nos nombreuses vies; c'est s'ouvrir à la reconnaissance de l'accumulation de ces expériences de nos vies passées; c'est enfin s'ouvrir à la découverte de la façon dont a été forgée notre personnalité au fil de ces nombreuses expériences de vies, et à l'influence de ces vies passées sur notre vie actuelle.

L'ouverture d'esprit à cette croyance peut-elle nous amener à découvrir une vie passée qui puisse être la clef de la solution de nos problèmes? Afin de trouver une réponse choisissons l'exemple d'un problème humain répandu : le problème de l'anxiété. Qui n'a pas ressenti de l'anxiété dans sa vie, peut-être à la suite d'un échec, de la perte d'un être cher, d'un congédiement, d'une séparation, etc., peut-être aussi pour des raisons plus graves tel l'abus physique dans son enfance, qui laisse parfois des traces profondes.

Je désire ici vous raconter une histoire vraie, celle particulière de l'une de mes clientes. Cette femme avait des raisons personnelles de se sentir anxieuse. Je vous présente cette histoire évidemment par rapport à une vie passée que cette femme a retracée et qui a constitué pour elle un élément clef de la solution de son état d'anxiété.

Elle se nomme Hélène, une femme dans la fin de la trentaine, jolie, intelligente, mariée et mère d'un fils d'environ six ans. Son mari, un homme d'affaires conventionnel, réussit très bien. Hélène accepte de demeurer à la maison pour parfaire l'éducation de leur fils. L'élément déclencheur qui l'incite à me consulter est un problème d'angoisse à conduire sur l'autoroute. Depuis quelques mois, il lui est tout simplement impossible de conduire sur l'autoroute car elle est envahie par une panique qui se manifeste par des douleurs stomacales, des palpitations cardiaques, de la sudation, un tremblement des mains et une grande nervosité. En entrevue, elle me fait part de la nervosité excessive qu'elle éprouve dans sa vie en général, d'une grande difficulté à s'affirmer, de son manque de confiance en soi, et de ses profonds sentiments de tristesse issus de son enfance.

Elle est continuellement en état d'inquiétude. Elle s'inquiète des résultats scolaires de son fils, de sa relation maritale, de l'opinion de sa parenté à son égard, de ne pas pouvoir sortir de la maison et du fait de ne pas se trouver un travail à l'extérieur à son goût. Elle s'inquiète facilement de tout et de rien. Elle vit dans une espèce de peur vague et généralisée où elle se remet continuellement en question.

Quand elle me parle de son enfance, elle me décrit des parents toujours en train de se disputer, un père alcoolique qui n'est jamais content d'elle et une mère qui ne fait que la rabrouer parce qu'elle ne trouve jamais sa fille assez parfaite. Elle me parle donc d'une enfance marquée par l'insécurité dans laquelle elle n'a reçu ni la compréhension, ni l'attention, ni l'encouragement nécessaires à l'épanouissement d'un enfant. Il apparaît rapidement que son état d'anxiété et son manque de confiance en elle-même sont issus ou découlent de son milieu familial.

Il s'agit donc ici d'une femme qui traîne avec elle depuis longtemps de forts sentiments d'anxiété et de dévalorisation. Elle a donc des raisons de se sentir ainsi et elle ressent cette anxiété à un niveau précis. Étant donné que le thème de l'anxiété est universel en soi, il semble que la méthode de la guérison par une vie passée-clef peut, en principe, s'appliquer de façon universelle.

Jusqu'à notre neuvième rencontre, Hélène a l'occasion de verbaliser ses sentiments et de se renforcer par différentes techniques de relaxation et de conditionnement expliquées ci-après. Elle a fait des progrès en terme de diminution de son état d'anxiété et d'augmentation de sa confiance en elle-même. J'estime alors qu'elle est prête à aller chercher dans une vie passée la contrepartie de l'enfance d'insécurité dont elle est encore imprégnée.

Cependant, quand je lui propose de faire cette expérience, elle hésite, presque tremblante. Elle a peur; la nouveauté l'effraie. Elle connaît très peu de choses sur la réincarnation. Elle n'a jamais lu sur le sujet; l'idée d'avoir vécu plusieurs vies la trouble. De plus, elle ne comprend pas très bien l'avantage de faire une telle expérience. Je perçois sa crainte et je la lui laisse exprimer. Graduellement, je la rassure en lui disant qu'il n'y a aucun danger, que tous ceux qui ont fait cette expérience avec moi en ont bénéficié. Doucement, je lui explique ce qui se passe en état de régression dans une autre vie. Je lui dis qu'elle n'est même pas obligée de croire en la réincarnation pour réussir et qu'on peut terminer la régression quand elle le veut, elle n'aura qu'à me faire signe.

Elle accepte finalement ma proposition. Je sens pertinemment que seule sa confiance en moi la motive, qu'elle n'aurait jamais pris elle-même une telle initiative. Je la félicite de son courage et, sans plus tarder, nous commençons la séance. Je l'invite à choisir entre la position couchée sur le divan et la position assise sur une chaise. Comme je l'ai déjà préparée par le passé à entrer en état profond de relaxation – elle est un bon sujet – il lui est facile, avec mon aide, d'atteindre le niveau de détente nécessaire. Ensuite, à l'aide d'une visualisation bien précise je la guide pour qu'elle puisse retrouver une vie passée heureuse sur le thème de la confiance en soi. En voici le verbatim.

> *Retour dans une vie passée heureuse dans laquelle Hélène a confiance en elle et prend plaisir à la vie*

H : C'est une journée ensoleillée, je vois une grosse fontaine… je suis avec trois autres filles. Nous rions, nous lançons des pièces de monnaie dans la fontaine. Nous sautons à la corde. Nous nous tenons par la main, dansant, jouant, tournant en rond. Il fait chaud. Nous portons des vêtements d'été. La rue est pavée de pierres, comme dans le Vieux-Montréal. Nous sommes comme dans une cour. C'est très joli. Je vois une statue…

T : Peux-tu s'il te plaît me décrire ta personne, les différentes parties de ton corps, comme tes pieds, tes mains, tes cheveux, ton visage et ton habillement, etc.?

H : Je suis jeune. Je porte des souliers et des bas. Il n'y a pas grand chose de particulier au sujet de mes mains. Je porte une robe, un petit gilet blanc avec une jupe. Mes cheveux sont blonds. Mon visage est encadré d'un toupet (frange) et d'un bandeau blanc pour mes cheveux. C'est un beau visage jeune. Mes yeux sont bleus. Je me sens libre et heureuse, et très contente d'être avec mes amies. J'aime la façon dont je suis habillée et j'aime l'endroit où je suis. Je ne suis pas inquiète. Je suis âgée d'environ neuf ans. Je vois un jeune chien. C'est mon chien. Il est blond. Mes amies et moi sommes assises sur un banc. Il y a une rivière tout près avec un beau petit pont. Nous le traversons pour nous rendre dans un parc avec de grands arbres et plein de petits chemins qui vont en différentes directions.

L'une de mes amies a emporté un panier à pique-nique pour nous. Nous avons faim. Nous plaçons une couverture sur le sol. Il y a des sandwiches, du jus, des carottes coupées et des biscuits. Nous mangeons et nous rions.

Nous avons apporté nos maillots de bain. C'est très paisible. Il y a une place pour se changer. Nous ramassons toutes nos affaires et nous allons nous changer à cet endroit pour mettre nos maillots de bain. Quand nous sommes prêtes nous descendons la petite côte jusqu'à la rivière. La rivière est longue et étroite avec des canards qui y nagent. L'eau est plaisante. Nous sautons dans l'eau, nous arrosant les unes les autres et nous nageons. On se sent bien dans l'eau parce qu'elle est rafraîchissante alors que nous avions chaud auparavant. Nous revenons en nageant. Nos cheveux sont mouillés. Nous ressentons la chaleur du soleil. C'est merveilleux. Il y a deux garçons qui jouent avec une balle. Ils nous la lancent, nous l'attrapons et, mes amies et moi-même, nous la relançons. Mais nous voulons jouer seulement entre nous. Il y a un chien avec les garçons et il nage vers la balle. C'est drôle.

Nous pensons au retour. Nous saluons les garçons et nous retournons nous étendre sur une serviette déposée sur l'herbe. C'est dimanche. Demain est un jour d'école.

T : Peux-tu me dire dans quel pays tu es ?

H : En Autriche, je suis à Vienne.

T : Peux-tu me dire en quelle année tu es ?

H : En 1920.

T : Très bien. Maintenant, je te suggère d'avancer dans le temps, quelques instants, quelques heures ou quelques jours plus tard, à un moment important pour toi.

H : Je porte un uniforme et un pardessus de couleur bleu marine. Mes cheveux sont blonds avec une frange sur le front. J'ai un sac d'école brun. Il y a des religieuses vêtues de longs habits noirs et de chapeaux noirs avec des bandes blanches sur leur front, comme un voile sur le front. Nous sommes dans une grande et vieille école. Nous sommes toutes habillées de la même façon. Il y a uniquement des filles. Je suis dans une salle de classe avec de grandes fenêtres. Je vois des livres et plusieurs images de plantes. Personne ne parle. C'est silencieux. Il s'agit d'une classe de dessin où nous copions les dessins de plantes et apprenons leurs noms. L'une de mes amies est assise juste en face de moi, et nous nous sourions.

J'aime beaucoup cela. Nous sommes toutes un peu mal à l'aise avec les religieuses parce qu'elles exigent que nous soyons sérieuses et gardions le silence. Parfois, il faut se retenir et je me fatigue de rester tranquille.

T : Maintenant, je voudrais que tu avances encore dans le temps pour te retrouver dans une scène avec ta famille.

H : Mon père porte un habit trois pièces et un chapeau haut de forme. J'aime mon père. Il est drôle et fort. Tout est toujours correct quand il est là. Nous sommes très à l'aise Nous vivons dans une grande maison confortable. Les pièces sont en bois de couleur rouille. Ma mère est une jolie femme et porte une belle robe. Elle est en train d'écrire une lettre. Nous avons une ménagère. Elle est aussi une belle femme qui m'apporte un plateau avec du lait et des biscuits. Je dois me changer. Mon coin pour faire mes devoirs est une table ensoleillée. J'ai une belle vue de la fenêtre d'où je peux voir des fleurs et des arbres. Je me sens bien à la maison. Mon père et ma mère ont l'air très heureux.

T : Je te suggère maintenant de te concentrer sur toi-même et de retrouver les sentiments, les émotions et les pensées que tu entretiens à ton égard.

H : Je m'aime, je me sens aimée par mes parents. Je n'ai pas à m'inquiéter. J'ai seulement à faire mes devoirs, à bien m'habiller et à aller à l'école. J'ai confiance en moi, je fais confiance à la vie et j'aime la vie. Je ne suis pas inquiète, l'avenir s'annonce beau. J'aime faire de l'équitation dans cette vie…

T : Peux-tu me dire à quel degré ta pensée est concentrée sur le moment présent, en relation avec le passé et l'avenir ?

H : Je peux me concentrer sur le moment présent et je peux ainsi aller puiser de l'énergie par le simple fait que je me concentre sur la tâche à faire et réussir la tâche en question. Mon père est fier de moi, je suis *spéciale* pour lui. Je suis heureuse d'être moi-même.

T : Est ce que tu reconnais tes parents d'alors en des personnes que tu connais dans ta vie actuelle ?

H : Non, je ne les connais pas dans ma vie actuelle.

T : Très bien. Maintenant je te suggère de regarder les yeux du personnage que tu incarnes dans le passé. Regarde-les bien et prends conscience de ce qu'exprime son regard... Maintenant, superpose cette image de ton personnage du passé à l'image de toi-même dans ta vie actuelle. Tu peux le faire en imaginant deux diapositives représentant ces deux images se superposant l'une l'autre devant toi comme si elles se fondaient l'une dans l'autre...

H : (Après quelques instants...) C'est fait maintenant.

T : Très bien. Maintenant, je voudrais que tu te visualises dans ta vie avec cette nouvelle image de toi-même, agissant et te sentant avec ces mêmes émotions que tu viens de retrouver dans ta vie passée. Prends ton temps et visualise-toi ainsi sur les plans familial, conjugal et social. Si tu le désires, tu peux même te voir en train de conduire ta voiture sur l'autoroute en utilisant ton pouvoir de concentration sur le moment présent.

H : (Après quelques instants...) C'est fait maintenant.

Je ramène Hélène dans sa vie actuelle, dans le moment présent, et nous discutons de son expérience. En résumé, disons qu'elle a apprécié grandement cette expérience. Elle en retire un grand sentiment de paix intérieure. Elle a beaucoup aimé se voir dans cet environnement familial en tant qu'enfant où elle se sentait aimée et en sécurité, et où elle se sentait si confortable. Je l'invite à repenser à cette expérience durant la semaine, jusqu'à notre prochaine rencontre.

Nous venons d'être témoin d'une régression d'âge dans une vie passée chez une personne qui a de la facilité à le faire rapidement, à la fois sur une base visuelle et sur une base kinesthésique, ce qui est un atout. Nous reparlerons d'ailleurs plus loin des différentes façons pour une personne d'entrer dans une vie passée.

À ce moment-ci, remarquons qu'à la fin de la régression j'ai demandé à Hélène de s'imprégner des sentiments vécus dans cette vie passée puis, de se visualiser de cette façon dans sa vie actuelle. Il s'agit ici simplement d'une technique de transfert de cette force qu'elle vient de retrouver dans cette vie passée. Nous en verrons l'impact dans sa vie présente dans l'entrevue qui suivra une semaine plus tard. Elle nous en reparlera elle-même dans ses propres mots. Remarquons néanmoins l'insistance de mes questions pour le lui faire découvrir. Les gens qui font une régression dans une vie passée pour y puiser des forces qu'ils y ont développées ne réalisent pas toujours l'impact dans leur vie actuelle de cette «reconnexion» avec cette partie d'eux-mêmes. Ils doivent être aidés pour le faire et en devenir conscients.

Commentaires personnels

Durant la régression d'Hélène, je me sens un peu comme un père qui assiste à la performance de sa fille lors d'une compétition sportive. Je suis conscient de ses craintes et de sa fragilité. Auparavant, je l'ai rassurée et je l'ai encouragée de mon mieux en lui répétant, de différentes façons, qu'elle peut réussir. Et soudain, je suis témoin de sa réussite. Quand elle me raconte les scènes qu'elle revit de son passé, quand je prends conscience de ses succès passés vécus, quand j'entends le ton de sa voix qui s'affermit, je sais, alors, qu'elle en sortira grandie. Par expérience, je sais que cette régression aura un impact positif profond chez elle et qu'elle en sortira également gagnante. Je ne sais pas de quelle façon, mais je sais qu'elle s'achemine vers la victoire.

Je me sens ému, heureux. Je suis heureux pour elle. En même temps, je me sens reconnaissant d'avoir pu apporter ma contribution pour aider cette belle personne à faire un pas de plus dans son évolution. Je sais qu'il y a encore du chemin à faire avec elle. Néanmoins, je sais que durant les prochains jours Hélène aura plusieurs belles surprises.

Rencontre suivante :
Commentaires d'Hélène sur l'impact de cette régression

H : Le premier jour, le jour même de notre rencontre, je me souviens avoir ressenti comme la sensation d'être née de nouveau. Je ne me souviens pas de la température. Mais, je me souviens que pour moi c'était comme un jour ensoleillé. Je sentais dans mon corps que j'étais aimée et acceptée dans ma vie présente, comme je l'avais expérimenté dans ma vie passée, à cause de cette expérience de retour dans cette vie passée. Dans ma vie présente, j'ai eu l'opportunité de voir des familles heureuses mais je n'arrivais jamais vraiment à comprendre ce que signifiait être heureux en famille. Ce dont je me souviens le plus dans cette vie passée était l'amour de mon père, quand, assise à ses côtés sur le plancher, avec ma tête sur ses genoux, il me caressait les cheveux. Je me sentais, à ce moment-là, vraiment aimée et acceptée. Cela me donnait beaucoup d'amour et de confiance. Je ressentais le même sentiment d'acceptation de la part de mes petites amies : très très près d'elles et avoir du plaisir en dansant dans le parc.

Dans ma vie actuelle, lorsque j'étais plus jeune, je me sentais toujours mise de côté, laissée pour compte, rejetée. Dans cette vie passée, j'ai vécu une enfance comme elle se devrait d'être, comme je l'ai toujours désiré. Je m'aimais, ma confiance se développait, je savais qui j'étais et j'étais heureuse d'être moi-même. Je n'avais pas à rêvasser pour être heureuse. J'étais tout simplement heureuse. C'est très simple d'être heureuse. C'est beaucoup plus simple que de ne pas être heureuse. Tu n'as pas à y penser, cela vient tout seul, cela vient naturelle-ment. Tu as simplement à vivre ta vie et tu en jouis. Ce n'est pas du tout comme lorsque tu es envahie par insécurité. Et même si l'insécurité se fait sentir, quand tu es heureuse, tu sais comment la résoudre.

T : De quelle façon cette séance t'a-t-elle aidée durant la semaine ?

H : Cela m'a aidée parce qu'il est resté un sentiment de chaleur à l'intérieur de moi, un sentiment d'être aimée. Je crois que lorsque tes parents t'aiment vraiment, cet amour existe pour toujours. Je suis un parent et c'est le sentiment que je ressens pour mon fils. Je sais. C'est le sentiment qu'il y a quelqu'un qui t'aime vraiment. Dans ma vie présente, comme enfant, j'ai tou-jours été critiquée et blâmée. Oui, cette séance m'a aidée puisque j'en ai conservé un sentiment intérieur d'être impor-tante et d'être aimée. Je pense, par exemple, à ce qui m'est arrivée hier soir. Je recevais à souper mon beau-frère et ma belle-soeur et c'était entendu qu'ils devaient aussi coucher chez nous par la suite. Habituellement, je me serais sentie anxieuse et nerveuse, comme si j'avais quelque chose à prouver. Normalement, je me serais obligée de faire sentir à ma belle-soeur qu'elle était *spéciale*. Je n'ai pas eu ce problème hier soir. Je ne me suis pas rendue anxieuse. C'était vraiment agréable.

T : Bravo. C'est vraiment encourageant.

H : Oui. Je me sentais fatiguée à un certain moment. Mais, je ne me suis pas sentie obligée de rester debout tout le reste de la soirée avec eux. Auparavant, je me serais sentie obligée de rester debout et de me faire souffrir. Mais j'ai été capable de dire ce que j'avais à dire de sorte que j'étais plus à l'aise avec moi-même. J'étais plus à l'aise. La sensation que j'aurais eu auparavant aurait été une tension dans la poitrine, les épaules et le cou.

T : Pourrais-tu me parler encore de la journée même de notre rencontre (l'expérience de la régression)?

H : Je ne me souviens pas de ce que j'ai fait durant cette journée. Je me souviens de m'être sentie très heureuse, comme si pour moi c'était le printemps dehors, comme si c'était ensoleillé. Je me rappelle très bien cette sensation pendant que je conduisais dans le village où je demeure. Je ne me souviens pas ce que j'ai fait. Je me rappelle seulement m'être sentie très heureuse cette journée-là.

T : Est-ce que ton mari a noté une différence chez toi ?

H : Il n'a pas vraiment dit quelque chose de spécial. Il a remarqué que j'étais plus calme. Mais il est devenu très affectueux, très affectueux...

T : Est-il possible que le fait qu'il soit devenu plus affectueux soit en réaction à ton changement de sentiment envers toi-même, au fait que tu éprouvais des sentiments positifs envers toi-même ?

H : Je dirais que oui. Je pense que je suis plus ouverte maintenant avec lui. Auparavant, j'étais toujours inquiète, soucieuse, tourmentée. J'étais incapable de relaxer. J'étais toujours tendue. Oui, c'est vrai, il est possible que ma façon d'être le repoussait ou du moins, cette tension que je ressentais l'indisposait ou se communiquait à lui et il était moins amoureux.

T : Y a-t-il autre chose que tu aies noté au cours de la semaine et qui soit relié à ta transformation intérieure ?

H : ... Je suis allée skier avec une amie cette semaine. Nous ne parlons pas toujours des choses que je fais. Cette fois-ci j'ai été capable de partager des choses personnelles avec elle, ce que je ne m'étais jamais permis de faire avant. Parfois, je sors avec des amies, je les écoute mais je n'aime jamais être pousser à parler de moi-même, ou de confier à une autre personne mes sentiments ou mes expériences personnelles... C'est correct en autant que la conversation soit superficielle, autrement, je donne seulement des réponses très courtes et je change la conversation, ou je leur retourne la question. Cette fois-ci, c'était agréable, c'était davantage une conversation avec un partage réel. En plus d'écouter, j'ai été capable de parler et de partager des choses personnelles avec cette amie.

T : Il semble que tu aies été capable d'utiliser ces habiletés, expériences et émotions que tu avais avec tes petites amies dans cette vie passée. Penses-tu, qu'en fait, tu as été capable de réactiver dans ta vie actuelle le sentiment d'être à l'aise socialement comme dans cette vie passée?

H : Oui, je pense que c'est cela.

T : Y a-t-il eu un autre impact du retour dans cette vie passée durant la semaine qui a suivi, par exemple dans ta relation avec ton fils ?

H : Ce que j'ai remarqué au sujet de mon fils est le fait qu'il était plus relaxé. C'est peut-être parce que j'étais moi-même plus détendue. Je le regardais l'autre soir et j'étais vraiment impressionnée. Il faisait ses devoirs sans avoir à remuer comme d'habitude, bien concentré et relativement calme. C'était tellement beau de le voir ainsi. Je me suis sentie très fière de lui à ce moment-là.

T : Penses-tu qu'il te sentait plus calme et plus en paix avec toi-même et qu'il réagissait à cela ?

H : Peut-être. Vous savez, je n'ai même pas pensé à cela de cette façon. Mais maintenant que j'en parle, je réalise que c'est la même chose qui se passe quand quelqu'un est nerveux avec moi, quand un patron est nerveux avec moi; je tends à opérer d'une façon nerveuse, comme s'il y avait de la pression sur moi.

T : Eh bien! on peut dire que ce sont de bonnes nouvelles dont tu me fais part, parce que je m'aperçois que ce retour dans une vie passée t'a permis de ramener dans ta vie présente quelque chose de très positif. Tu as appris à ramener avec toi des habiletés qui t'appartiennent, que tu as déjà développées dans cette vie passée, et tu commences à les utiliser actuellement d'une façon qui transforme ta vie pour le mieux.

H : Maintenant que j'en parle, je m'en rends compte. Et c'est vrai aussi quand j'ai conduit sur l'autoroute cette semaine. J'ai suivi la voiture de mon mari jusqu'à la prochaine petite ville (15 kilomètres) et tout s'est bien déroulé. Je me suis concentrée sur le but d'aller magasiner, comme vous me l'aviez suggéré dans un tel cas. Et tout a bien marché. Aussi, j'étais contente de moi et je me suis acheté quelque chose pour me récompenser. Cependant, au retour, je suis revenue par une route secondaire. Je ne me sentais pas prête à revenir seule sur l'autoroute.

Commentaires sur l'expérience d'Hélène

Il serait tentant de dire que les problèmes d'Hélène ont été totalement résolus à partir de cette expérience. Ce serait trop beau et, peut-être, trop simple. Cependant, il faut admettre que les résultats de cette expérience sont un bon départ encourageant. Ce qui est fascinant, dans le cas d'Hélène, c'est la transformation qui s'est opérée en elle, à partir du moment où elle a réveillé ces souvenirs agréables et réconfortants : se sentir tendrement aimée sur le plan familial et se voir en train d'obtenir du succès sur les plans social et scolaire. Prenons conscience que le réveil des ressources innées qu'elle possédait a été réalisé par le fait qu'elle a revécu ces événements. Elle ne s'en est pas seulement souvenu lors de cette régression. Ce n'est pas un souvenir d'ordre strictement intellectuel. C'est beaucoup plus que cela. Elle a revécu ces événements. Elle les a revus avec ses yeux. Et elle les a ressentis dans sa mémoire sur les plans émotionnel et sensoriel. En soi, c'est ce qui constitue une régression dans une vie passée.

Par contre, simultanément, il faut réaliser que, comparativement à ce qu'Hélène vit ou a vécu dans sa vie actuelle, le souvenir de cette vie passée a déclenché en elle des sentiments positifs très puissants envers elle-même et une image positive très inspirante. Il en est résulté un basculement radical de sa façon habituelle de fonctionner. Tout d'un coup, pendant la semaine qui a suivi, quelque chose, en dedans d'elle, a agi comme contrepoids au conditionnement négatif de son enfance, qu'elle arrivait maintenant à mettre de côté.

Et, quelle transformation! Une transformation qui semble se répercuter dans à peu près tous les aspects de sa vie : ses relations sociales, ses relations parentales, ses relations amoureuses, et dans... sa conduite automobile...; une transformation qui se manifeste surtout par une plus grande paix intérieure. Tout ceci, à la suite d'une seule séance.

Cela semble peut-être incroyable, renversant. Je suis d'accord. Et pourtant c'est un récit véridique, aussi invraisemblable que cela puisse paraître! Il s'agit de l'histoire de l'une de mes clientes, traitée avec la méthode de la régression dans une vie antérieure. Une histoire qui ressemble, dans son impact, à celle de nombreuses autres personnes qui ont été aidées par la même méthode, une méthode qui est à la portée de tous.

Cela ne veut pas dire que tous les problèmes d'Hélène ont été résolus dans une seule séance. Non.

Il a fallu retravailler avec elle le conditionnement négatif de son enfance, pour l'aider à s'en libérer; cette influence, tant qu'elle n'est pas éliminée, tend à refaire surface. Par contre, à partir du moment où Hélène a revécu l'expérience de cette vie passée heureuse, cela a été plus facile. Au niveau de son vécu, il lui devenait possible de se «rebrancher» sur les expériences positives de cette enfance en Autriche. Elle n'avait qu'à utiliser une technique de visualisation que je lui avais enseignée, pour déclencher à nouveau en elle ces sentiments positifs et cette confiance du passé.

En somme, cette image positive avait toujours fait partie d'elle-même, puisqu'à sa naissance, elle possédait ce bagage d'expériences acquises dans cette vie passée. Cependant, on peut amener l'hypothèse que, sous l'emprise du conditionnement négatif reçu dans son enfance, ces forces innées n'avaient pas été stimulées ou actualisées. L'impact du conditionnement négatif de l'enfance n'avait été que trop déterminant.

Je tiens tout de même à souligner un aspect qui ressort ici et qu'il vaut la peine de relever. Son évidence même, sa simplicité, peut nous le faire oublier. Hélène est sortie victorieuse de cette vie passée, tant au niveau de la confiance en soi qu'à celui de l'amour de soi. Cette confiance en soi lui revient de droit et elle lui appartient. Comme chacun d'entre nous, cette personne a évolué dans ses nombreuses vies passées et a développé certains talents. Elle les a mérités parce qu'elle les a développés elle-même à force de persévérance dans l'écoute de ses inspirations intérieures. Le talent de la confiance en soi est aussi valable que le talent de la voix ou de la plume. Il est donc tout à fait juste et normal qu'elle puisse renouer avec ce talent et le réutiliser. Et c'est ce qu'elle fait.

Si Hélène a développé cette confiance en soi dans cette vie passée, pourquoi a-t-elle choisi de vivre aujourd'hui une enfance si difficile? La question est double. Pourquoi a-t-elle choisi...? Et pourquoi une vie si difficile? Cela implique, qu'avant sa naissance, elle aurait choisi, au niveau de l'âme, de naître de ces parents tout en sachant très bien quel genre de difficulté ou quel genre de défi elle aurait à rencontrer. La réponse se situe dans le fait qu'elle a choisi ces difficultés dans un but bien précis d'évolution personnelle. Ce sujet sera traité plus avant dans ce livre.

Il existe une autre dimension de cette histoire que je me permets de dévoiler ici. Une thérapie est toujours un échange entre deux personnes. Il en va de même pour un livre. Il y a un échange entre l'auteur et le lecteur. Sans doute, en lisant ces pages, le lecteur ressent-il des émotions particulières envers le personnage d'Hélène. Il en va de même pour moi dans la situation thérapeutique. Aussi, j'ai pensé faire connaître un peu de quelle façon je réagis ou de quelle façon je me sens dans la situation d'un thérapeute, ce qui m'inspire et me donne le goût de continuer dans ma profession.

Je dois donc reconnaître que, durant ces deux rencontres avec Hélène, décrites plus haut, je me suis senti très ému, particulièrement au moment où Hélène me racontait tous les changements positifs qui survenaient dans sa vie. J'étais témoin de la transformation merveilleuse d'une belle dame : d'une sensibilité à fleur de peau, mais envahie par la tristesse, voilà qu'elle m'arrivait avec le sourire radieux d'un petit enfant qui découvre la beauté du monde pour la première fois. Cela me faisait chaud au cœur et me réjouissait au plus haut point. Car qu'y a-t-il de plus beau que le sourire d'un enfant? Et je me souvenais, en même temps, d'une cliente qui, le soir précédent lors d'une séance de groupe, s'était présentée avec le visage empreint de douleur, et dont on entendait le rire cristallin à la fin de la soirée. Quelle musique pour le cœur!

Je tiens à partager cet état d'âme pour diverses raisons. Peut-être parce que je crois qu'en lisant ce genre de témoignage nous partageons les mêmes sentiments à l'égard de ceux qui y sont présentés. Mais aussi parce que je rencontre plusieurs personnes qui croient que la vie d'un thérapeute est une vie bien lourde à supporter. Il est vrai que le psychothérapeute peut être confronté à de gros problèmes. Mais là n'est pas la question. Quand je reçois les confidences d'une personne comme Hélène, je prends rapidement à cœur de l'aider. Je sais que ses difficultés ont habituellement une solution. Et de me savoir, de me sentir un instrument dans leur solution, me procure une grande joie et une grande satisfaction qui, à la fois, m'inspirent, me font grandir personnellement et me donnent de l'énergie pour aller plus loin.

Chapitre 2

Une victime de l'inceste guérie grâce à la découverte de deux vies passées heureuses

---

Si le thème de l'anxiété est en soi un thème universel, dans le sens qu'il s'applique à chacun, il n'en va pas de même pour le thème de l'inceste. Ce problème est beaucoup plus répandu que nous le croyons. Il est surtout bien caché. Cependant, cela n'empêche pas les victimes d'être marquées souvent pour la vie. Ce thème est d'ailleurs de plus en plus abordé dans notre société. Ce chapitre est ma façon d'apporter ma contribution à sa *solution*.

Essayons de nous rendre compte de quelle façon une victime de l'inceste peut être meurtrie sur le plan affectif et quelles peuvent en être les conséquences dans sa vie. Il faut rester éveillés à la grande sensibilité d'un jeune enfant et à sa grande vulnérabilité devant le monde des adultes. Personnellement, le fait de recevoir les confidences d'une jeune femme par rapport à sa douleur d'avoir été victime d'inceste m'a rendu plus humble dans mes pulsions sexuelles d'homme. Et cela m'a sensibilisé à l'importance du respect que nous devons à nos enfants, lors de l'expression de leur sensibilité et de leur affectivité. Il y a facilement risque de flétrir de belles âmes qui pourraient être stigmatisées pour le reste de leur vie.

Je présente l'exemple d'une femme de trente-cinq ans, elle-même psychothérapeute professionnelle. Je raconte son histoire avec deux optiques différentes. Dans un premier temps, voyons d'abord comment le fait d'aller chercher deux vies-clefs heureuses vont concourir à la guérison de cette personne. Prenons ensuite une optique de traitement à court terme, complémentaire à d'autres approches thérapeutiques. Dans le cas présent, je vais donc aborder avec la cliente, à sa demande, son problème d'inceste dans sa vie actuelle. Ensuite, je la guiderai vers deux vies passées heureuses particulières, pour y trouver des éléments qui vont lui permettre de guérir plus facilement ses plaies émotives.

Cet exemple ne représente qu'une tranche du cheminement thérapeutique assez particulier de cette personne. C'est aussi dans cette optique que je le soumets. Notre cliente est une psychothérapeute qui a déjà fait l'expérience d'autres méthodes de thérapie dont elle a tiré des bénéfices. Elle a eu recours à mes services dans une approche à court terme, pour régler un problème bien précis. Une fois ce service rendu, elle a eu recours, de nouveau, à des méthodes plus orthodoxes pour compléter sa guérison. Je tiens à mentionner ce fait pour démontrer l'utilité de la thérapie des vies passées, et sa flexibilité et sa complémentarité en regard à d'autres méthodes de traitement qui sont axées sur la vie présente. Il en ressort aussi que tout se tient au niveau de notre personnalité quand on considère l'évolution de chacun sous l'angle de la continuité de nos différentes vies.

Voici Rolande, une charmante jeune femme de trente-cinq ans, intelligente et cultivée. Elle est psychothérapeute professionnelle et utilise le *focusing* et la massothérapie comme méthodes thérapeutiques. De plus, elle est qualifiée comme animatrice de groupe de divers thèmes de croissance. Au moment de sa demande d'aide, elle travaillait dans le même édifice que moi. Souvent nous avons eu l'occasion d'échanger sur nos pratiques professionnelles. Je la considère à la fois comme une amie et comme une collègue de travail.

Un jour, elle me demande une rencontre de consultation professionnelle pour ses problèmes personnels. Elle me dit qu'elle souffre d'amnésie complète par rapport à son enfance, précisément avant l'âge de huit ans et que, graduellement, elle devient de plus en plus convaincue d'avoir été victime d'inceste à plusieurs reprises durant cette période de sa vie. Elle est arrivée à ces conclusions à la suite de l'augmentation dans sa vie d'une série de phénomènes qu'elle associe à une situation d'inceste. Entre autres choses, elle fait des cauchemars de plus en plus fréquents reliés à des situations d'inceste, elle a des *flashs* de plus en plus nombreux de scènes d'inceste. Également, elle est toujours davantage consciente d'un sentiment de honte qu'elle éprouve envers son corps, sentiment de honte qu'elle attribue aux suites de l'inceste, ce qui lui occasionne des problèmes sexuels importants avec son conjoint. Quand elle se regarde dans un miroir, elle a l'impression d'y voir des yeux de rat; des sentiments de peur d'être rejetée augmentent graduellement, etc.

Il est important ici de faire une mise au point sur le phénomène de l'amnésie. Pourquoi Rolande a-t-elle attendu jusqu'à l'âge de trente-cinq ans pour parler d'un problème aussi grave. Il faut se rappeler, d'une part, que la petite fille de trois ans qui est victime d'inceste peut se sentir absolument sans défense et très isolée dans cette situation. D'autre part, nous devons considérer que la douleur émotionnelle de la victime peut être très grande. Il est fréquent de retrouver ce phénomène d'amnésie chez les victimes d'inceste dans leur petite enfance. Il semblerait que cela soit une façon de se protéger de cette douleur émotionnelle en voulant l'oublier, comme si l'événement n'avait jamais eu lieu.

Cependant, tôt ou tard, cette blessure tend à revenir à la surface, la personne a besoin de s'en guérir. Habituellement, quand la personne en devient aussi *obsédée* que Rolande le manifeste, ou aussi consciente qu'un tel incident s'est produit dans son enfance, cela est le signe que cette personne est prête à aborder ce problème en thérapie pour s'en guérir. Ce n'est pas facile pour la personne, car la douleur qui refait surface peut être très forte. Malgré tout,pour la première fois de sa vie, elle peut en parler avec une autre personne, apprendre à faire le point sur cet événement et, graduellement, cicatriser cette blessure.

De fait, c'est ce qui s'est passé avec Rolande en thérapie. Elle a eu confiance en moi, elle connaissait mes méthodes de thérapie. Dès la première rencontre, elle a voulu me parler de l'inceste, tout en se demandant si elle pourrait s'en souvenir. Elle a accepté d'être guidée en état de relaxation pour faciliter l'émergence de ses souvenirs. Puis, graduellement, les souvenirs d'inceste sont remontés à la surface. Il n'est pas nécessaire ici de reprendre tous les détails de cette séance thérapeutique. Rolande a exprimé différents sentiments, elle a pleuré, elle a exprimé sa rage d'avoir été ainsi violentée, elle a ressenti de la honte envers son corps. Et, comme toute personne qui a vécu un tel traumatisme à un moment donné, elle est devenue confuse par rapport à sa responsabilité ou à sa culpabilité envers cet événement. Elle a eu besoin d'aide pour remarquer, qu'à son insu, elle a accepté le verdict du père incestueux qui l'a blâmée de l'avoir provoqué. En d'autres mots, non seulement a-t-elle été la victime, mais elle est devenue aussi la coupable. Le monde à l'envers!

Les écrits sur les situations d'inceste et de viol mentionnent fréquemment ce phénomène chez la victime qui incorpore à son image de soi l'accusation du violeur ou de l'incestueux qui prétend avoir agi ainsi parce qu'il a été provoqué. Cela est une bonne façon de la part du violeur ou de l'incestueux de se déresponsabiliser de ses propres actions et de s'en déculpabiliser. Par contre, on peut imaginer que la personne violée ou victime d'inceste a besoin d'en parler et d'apprendre à reconnaître ce phénomène (relativement inconscient), afin de mieux se débarrasser d'une culpabilité qui ne lui revient pas.

Enfin, mentionnons, dans le cas de Rolande, que si cette première séance est thérapeutique, elle est aussi éprouvante. La décharge émotionnelle, si elle a un effet libérateur et permet à Rolande de retrouver son estime de soi, fait aussi remonter à la surface des émotions troublantes qui ont été réprimées durant toutes ces années. L'expression de telles émotions ébranle. Deux heures de thérapie ont leurs limites à ce niveau. Rolande passera une partie de la soirée chez elle à pleurer et à continuer de se libérer de cette tristesse et de cette rage sous-jacentes. Heureusement, son conjoint est un homme très compréhensif qui se montre disponible et lui offre beaucoup de soutien. Rolande, donc, amorce ce processus de guérison et de «nettoyage» qui lui permet de se retrouver graduellement et de redécouvrir une paix intérieure.

Deuxième rencontre

Lors de la rencontre suivante, Rolande est heureuse de me faire part des changements positifs dans sa vie à la suite de notre première séance, dont un grand sentiment de soulagement d'avoir pu commencer à parler de ses traumatismes d'enfance. Elle vient me voir, courageuse et déterminée, en exprimant son intention de retourner dans des vies passées pour retrouver d'autres traces de traumas afin de s'en libérer. Cependant, je la trouve encore ébranlée de sa dernière découverte. Elle a beau avoir échangé à ce sujet avec son conjoint, je trouve qu'il lui serait avantageux de trouver une façon d'appliquer un baume sur ses plaies qui ne sont pas encore cicatrisées. Je lui en fais part et je lui offre de retourner dans une vie passée heureuse qui l'aiderait à refaire ses forces. Elle accepte mon point de vue d'aller chercher un élément positif dans ses vies passées afin *d'équilibrer* le processus thérapeutique.

Quand Rolande atteint un état de relaxation appro-
prié je la guide dans une vie passée dans laquelle *elle
avait un très grand sens de l'humour.*

R : Je sens la terre. Il fait chaud. Je ressens une grande joie,
beaucoup, beaucoup de sens de l'humour. Je suis dans un village de Noirs. Je suis une petite fille noire. Je suis habillée
comme les Blancs, je porte un chapeau et une petite robe. Je
suis assise sur une boîte de bois. Je porte des petits bas et de
petites bottines. Je suis très joyeuse. Je vois deux Noirs qui
bêchent la terre. Ils sont joyeux parce que je les rends joyeux
en étant là. Je ris. C'est assez amusant. Je suis assez joyeuse,
mais aussi respectueuse. Par exemple, je marche sur le bord
des plates-bandes. C'est important le travail qu'ils font. À cet
endroit, il n'y a que de la vie. Je ne vois pas s'ils sont les pro-
priétaires ou pas. Mais ce sont des Noirs heureux. Ils travaillent
fort mais ils ne sont pas malheureux.

Ah! c'est ça, la terre leur appartient. Ils ont l'air de travailler tous
ensemble pour construire quelque chose et ça les rend
heureux. On dirait que dans cet endroit, je ne sais pas pourquoi
j'ai eu ce privilège, je suis considérée comme leur porte-bon-
heur. Je les fais rire. Quand, par exemple, je vois une femme
très absorbée sur son travail et qu'elle pourrait être fatiguée,
exténuée, moi j'arrive à côté et j'éclate de rire. Elle est toute
revigorée.

T : C'est un talent vraiment spécial que tu as.

R : Oui, je suis pas espiègle. C'est une petite fille qui aime vraiment la vie. Mais, elle est surtout respectueuse. Là, je la vois
jouer dans la terre. Elle est vraiment spéciale. Elle n'écrase
même pas les bibittes et elle sait où mettre son pied. Ce qui est
bon, elle sait le reconnaître. Mais elle est surtout bien drôle.
(Elle rit.) Et c'est ça qui est rigolo. Elle est drôle sans nécessairement faire beaucoup de pirouettes. Elle est drôle, c'est
tout! C'est comme la vie qui lui sort par tous les pores de la
peau. C'est son sens du *timing* qui est amusant. Elle est drôle.
Tous les gens du village l'aiment.

T : Est-ce que tu t'es mise dans la peau de ton personnage?

R : Oui, je le sens dans mon corps.

T : Je te pose la question parce que tu réfères toujours à cette petite fille en parlant de *elle* et non pas de *je*.

R : Ah! peut-être..., c'est vrai, je vais dire «je». Je sentais le personnage dans mon corps, mais, c'est vrai, je faisais comme si je voyais un film.

T : Mon commentaire n'a rien de négatif. Je posais la question simplement pour vérifier ce qui se passait. Continue d'explorer cette vie.

R : Je suis très heureuse. Je suis protégée dans ce village, comme si j'étais leur petite reine. C'est étrange l'image que cela donne. C'est comme si les villageois avaient toujours eu la vie dure et, tout à coup, ils font le même travail, mais au son d'une musique légère qui serait moi. En tout cas, je suis une enfant vraiment pas compliquée, et très protégée. Je me vois rire tout le temps. Mais elle a quelque chose de... elle sent quand survenir à côté de quelqu'un pour lui faire du bien. Quand elle passe à côté de quelqu'un, cela fait toujours du bien à cette personne. On dirait qu'ils partent à rire.

T : Très bien, maintenant avance plus loin dans le temps, à un moment important pour toi.

R : Je suis plus grande, j'ai de grands cheveux noirs, j'ai environ 18 ans et je suis toujours habillée comme une femme blanche. J'ai de larges robes. Je suis vraiment un personnage de bonté, de très grande bonté, de beauté aussi, et je ne me prends pas au sérieux. Je semble être la reine des habitants du village, ou quelqu' un d'important, du moins.

T : Tu sembles leur apporter de la joie, du rire, tu sembles adoucir la peine de leur dur labeur.

R : Oui, la douleur de leur labeur, parce que même s'ils n'ont pas l'air de Noirs battus ou exploités, ils travaillent beaucoup.

T : Dans quel pays te trouves-tu?

R : Aux États-Unis.

T : Dans quel État?

R : En Iowa.

T : En quelle année?

R : En 1710... C'est spécial, on dirait que c'est un endroit où ils n'étaient pas battus. Je me demande bien pourquoi.

T : Ils étaient respectés. Étiez-vous des esclaves?

R : J'ai de la difficulté à répondre, je suis partagée entre le oui et le non. Oui, parce qu'on voit que ce ne sont pas des gens libres, comme s'ils ne pouvaient pas sortir de ce terrain, mais ils sont libres, là. Ils ne sont pas fouettés, c'est ça l'histoire, ils ne sont pas malmenés.

T : Cela veut-il dire qu'ils ont un maître qui les respecte?

R : Oui. C'est un endroit très privilégié où les Noirs ne sont pas considérés comme des esclaves. Ils le sont de fait, mais autrement considérés dans les attitudes. Après la journée, ils sont fatigués, mais ils rient. C'est qu'on leur a donné le droit de construire aussi des choses pour eux. C'est un privilège que ces Noirs ont eu, parce qu'on dirait que le terrain sur lequel ils construisent, c'est pour eux qu'ils font ce travail. C'est comme s'ils avaient reçu un cadeau du maître qui les aimait beaucoup.

T : Très bien. Je t'invite maintenant à te concentrer sur ce que tu ressens à l'intérieur de toi, ton sens de l'humour, ta joie, l'expression de ton regard, ta façon de t'exprimer...

R : Oui, je pense que c'est ça le plus important. Ce que je ressens, c'est la joie spontanée, c'est le respect de la terre et des gens, la bonté, se sentir vraiment aimée de tout le monde, une très grande beauté, et je ris. Cela fait du bien. Je vois encore le Noir qui éclate de rire. Cela allège beaucoup leur fardeau.

T : Et rire te faisait beaucoup de bien. Cela te fait aussi beaucoup de bien en ce moment.

R : Ce que je ressens beaucoup, c'est la bonté, le rire au bon moment, le sentiment d'être protégée, d'où un état de relaxation.

T : Je t'invite maintenant à te bien concentrer pendant quelques instants sur ton personnage et ses qualités particulières du rire, de la joie et du sens de l'humour. Que ton esprit se rappelle clairement de toutes les qualités inhérentes à ce personnage. (Pause.) Très bien. Je t'invite maintenant à superposer l'image de ton personnage de petite Noire appelée Marguerite à celle de Rolande, de ta vie présente. Si tu veux aller plus loin, tu peux te visualiser maintenant dans ta vie actuelle, dans toutes les facettes de ta vie, ta vie sociale, ta vie amoureuse et ta vie professionnelle, avec cette nouvelle image de toi-même. Tu me le diras quand tu auras terminé.

Lorsqu'elle me signifie que sa visualisation est terminée, je lui fais remarquer qu'elle a maintenant identifié en elle cette qualité qu'est le sens de l'humour, qu'elle sait maintenant comment renouer avec cette qualité et qu'elle peut la réactiver dans sa vie actuelle quand elle le veut, de la même façon qu'elle vient de le faire durant cette visualisation. Puis, je la guide pour sortir de son état de relaxation, pour l'aider à laisser derrière elle cette vie passée, et pour qu'elle puisse se reconcentrer sur sa vie actuelle.

R : Je te remercie de m'avoir fait retrouver cette vie où j'avais le sens de l'humour si développé. À vrai dire, quand, avant la régression, tu m'as proposé d'aller chercher une vie heureuse pour que je puisse me renforcer, je n'aurais jamais pensé à ça... Je pensais que tu m'aurais fait retrouver une vie de confiance, de pouvoir intérieur. Qu'est-ce qui t'a fait penser à l'humour?

T : Je dois dire que je me laisse souvent guider par mon intuition pour faire un choix dans de tels cas. Cependant, il faut dire que lorsqu'on a vécu, comme toi, une situation aussi difficile que l'inceste et, dans ton cas, une situation d'inceste à répétition durant ta tendre enfance, cela veut dire que le rire a été absent la plupart du temps de ta vie. On oublie facilement de rire dans des moments aussi dramatiques. Et la meilleure façon de sortir d'un état d'esprit dramatique, c'est de rire. Le rire, c'est tellement important, en terme de santé, et en terme de guérison! En dépit des apparences, ce n'est pas d'amour dont tu as surtout manqué, mais de joie et de rires. J'ai décidé de ne pas te dire à l'avance le thème que j'avais choisi pour un retour dans une vie passée. Je te remercie de m'avoir fait confiance en te laissant guider ainsi.

Nous continuons, Rolande et moi, à échanger sur ses impressions et ses réminiscences en relation avec cette vie passée. Elle fait des liens entre cette vie passée et certaines de ses attitudes de sa vie présente envers les Noirs. Le commentaire le plus amusant qu'elle fait est de se rendre compte que chaque fois qu'elle rencontre un Noir, elle ressent facilement le rire à l'intérieur d'elle-même et elle a tendance à se dire jusqu'à quel point ces gens ont le sens de l'humour. Je l'invite, en terminant, à prendre note des changements qu'elle pourra observer dans son comportement et ses émotions d'ici la prochaine séance.

J'observe souvent ce phénomène, quand on tombe pile sur un choix de vie passée heureuse, à savoir, par exemple, que ce sens de l'humour présent dans les relations de Rolande avec des Noirs était déjà très présent dans sa vie, tout près de son conscient, à fleur de peau pourrions-nous dire. Maintenant que Rolande a reconnu ce sens de l'humour, elle saura s'identifier à lui pour le réactiver au besoin dans sa vie actuelle et s'en servir pour aller de l'avant plus facilement.

Troisième rencontre

Voici le compte rendu de notre échange par rapport aux suites de la deuxième rencontre où elle a découvert son sens de l'humour.

T : Quel a été l'impact dans ta vie depuis notre dernière séance où tu t'es vue dans une vie passée dans un personnage qui avait un grand sens de l'humour?

R : L'humour m'a beaucoup apporté. Cela a énormément détendu mon corps physique. Étant donné que j'avais beaucoup de joie, mais également beaucoup de souffrance derrière cette joie apparente, j'avais développé un mécanisme d'être seulement dans cette joie et beaucoup dans la lumière pour ne pas toucher à la souffrance. Mon corps physique était continuellement tendu. Alors, il y avait toujours cette peur que survienne, dans la salle, un événement qui déclenche cette souffrance. Tandis que, depuis la dernière régression, la première chose que j'ai remarquée, c'est la détente du corps physique. Le fait qu'à la première rencontre on ait laissé sortir les émotions découlant de l'inceste, puis que la deuxième séance ait détendu mon corps, j'étais en forme lors de mon travail d'animation de groupe.

L'autre aspect, c'est que je prends moins les choses au pied de la lettre. Quand j'étais jeune, au travail, je vivais dans un monde de femmes. Alors, tous les genres de plaisanteries, telle *Ah, comment tu t'habilles ce matin!* tu sais le genre de plaisanteries que font habituellement les gars, moi je ne pouvais pas les prendre. Diane (une compagne de travail) était beaucoup comme ça. Elle et d'autres personnes faisaient ce genre de farces et je me sentais toujours attaquée. Non pas par Diane, parce que je la connaissais; c'est un exemple que je donne. Ce genre de blague me mettait mal à l'aise parce que je ne savais pas me détacher de la situation. Et maintenant, ça passe comme sur le dos d'un canard. À l'occasion, dans de telles situations, je suis encore un peu mal à l'aise, mais le sens l'humour m'aide à ne pas prendre la situation de façon personnelle. Et j'ai beaucoup plus de rires et de joie véritable. Je n'embarque presque plus dans les drames.

T : Eh! bien, c'est extraordinaire!.

R : Oui, parce qu'une joie innée m'habite.

T : Tu l'as retrouvée, tu as renoué avec elle.

R : Oui, même si je sens que ça pourrait donner davantage. Mais je suis contente.

T : Bon! Je te félicite.

R : Ah! c'est bon. J'ai aussi remarqué, à cause de l'inceste libéré, que je me reconnais davantage comme thérapeute. Cette semaine, les séances étaient géniales, rien de moins, et il y en avait plusieurs. Les gens disaient : *Wow!* C'était comme de la dentelle; du raffinement pur à nous voir travailler ensemble. En-dedans, ça me disait : *Mon Dieu que tu es futée, ah! que tu es bonne.* Auparavant, lors d'une séance, en un éclair j'avais vu toute la problématique d'une cliente; le bon moment, la bonne place, la bonne parole. Le bon *timing,* je l'avais, mais je ne le reconnnaissais pas et cela ne nourrissait nullement ma confiance. Maintenant, je sens que ma joie intérieure va pouvoir tranquillement nourrir ma confiance. En tout cas, cela a été épatant cette semaine.

T : C'est un gros *plus* pour toi.

R : C'est certain, c'est un gros plus. Une cliente m'a déjà dit : « Tu es une sorcière. » En riant, elle reconnaissait, de son côté, sa propre confiance dans son travail. On pouvait alors partager notre confiance réciproque dans notre travail et c'était bien agréable.

Hier, je me sentais tellement bien, mais paradoxalement, j'avais horriblement peur de regarder l'inceste et de réveiller ainsi encore les angoisses des six mois, reliées à l'inceste, que je viens de passer. J'ai ressenti alors le besoin de faire un dernier nettoyage avec toi aujourd'hui, mais cette seule idée m'a fait peur. Alors ce matin j'ai fait une prière à l'Esprit saint, en lui demandant de me soutenir dans ma démarche et en lui remettant mon problème entre les mains. Et, présentement, je suis surprise d'être dans cet état-là, bien. Mais j'aimerais tout de même profiter de cette séance pour liquider le reste, bien que je croie qu'il n'en reste pas beaucoup.

T : Cela est fort possible qu'il te reste encore du nettoyage à faire de ce côté. Après tout, quand on compare un travail de deux heures par rapport à une période de huit ans d'inceste, on peut dire que ce premier temps est relativement mince.

Commentaires

Les réflexions de Rolande, au début de cette dernière entrevue, parlent d'elles-mêmes. Elle s'est «rebranchée» à ce sens de l'humour qu'elle avait développé et utilisé dans cette vie passée comme petite fille noire dans un village du sud des États-Unis. Ce sens de l'humour fait toujours partie d'elle. En le redécouvrant, sa vie a changé. Combiné avec l'impact que Rolande se soit libérée, du moins en partie, du traumatisme causé par l'inceste, son corps se détend, elle fait plus confiance à ses intuitions de thérapeute, à son travail; elle peut à la fois s'apprécier et nourrir sa confiance pour grandir davantage; elle ne se sent plus touché par les farces à connotations sexuelles et la joie est beaucoup plus présente dans sa vie actuelle maintenant. On pourrait dire qu'elle a rallumé en elle cette qualité qu'elle a développée au cours des âges et qui dormait, peut-être parce qu'elle était obsédée par le traumatisme causé par l'inceste. Mais ce qui est certain, c'est que cette qualité du sens de l'humour existait en elle. Rolande a appris à le réactiver et à s'en servir à son plus grand avantage.

Un tel phénomène n'est pas toujours facile à comprendre au départ. Toutefois, il constitue une constante de la thérapie de retour dans des vies passées heureuses. Dans ce cas-ci, les retrouvailles de Rolande et de son sens de l'humour constituent un élément important de renforcement qui aura un impact probable pour le reste de sa vie.

Il serait intéressant ici de comparer les résultats de cette expérience avec des expériences similaires dont sont témoins d'autres thérapeutes qui utilisent une méthode de retour dans des vies passées. Je me réfère ici à Chris Griscom, auteure de, *Guérir de ses vies antérieures*. Elle raconte à un moment donné que son fils avait des problèmes sérieux à l'école avec les mathématiques. Or, lors d'une séance de retour dans une vie passée qu'il fit avec l'aide de sa mère, il se retrouva dans le rôle d'un architecte de pyramides, rôle dans lequel il excellait en mathématiques. Cette révélation eut dans sa vie présente un impact très profond sur lui quant aux mathématiques : il *débloqua* tant et si bien dans ce domaine qu'il décida de poursuivre ses études en physique quantique, un domaine où il faut être parmi les meilleurs en mathématiques.

Personnellement, selon ma compréhension ou ma vision de ce phénomène, je serais tenté de dire que cette expérience l'a remis en contact avec ce talent inné développé dans d'autres vies passées. Voici comment Chris Criscom l'explique : *Cette transformation fut déclenchée par une modification profonde de la vision qu'il se faisait de son être propre. Il se sentit transformé parce qu'il avait pris conscience que d'excellentes capacités tout à fait utilisables existaient en lui. Grâce à une vision dans une autre dimension, il put donc se libérer de ses blocages actuels. Cette vision ou ce regard en arrière, comme on veut, lui ont permis une modification concrète de ses futures évolutions possibles.*

Quel que soit le vocabulaire utilisé, je suis d'accord avec Chris Chricom : il y a eu un phénomène de transformation chez son fils. Et c'est aussi le même phénomène de transformation qui s'est opéré dans le cas de Rolande. On peut avancer que, comme dans le cas du fils de Chris Chriscom, la nouvelle vision que Rolande a développée d'elle-même, ou cette reconnexion avec sa qualité de sens de l'humour, a déclenché un processus dont l'impact probable pour le reste de sa vie sera un plus grand épanouissement de sa personnalité dans tous les domaines de sa vie.

Retour dans une vie passée heureuse

J'insiste auprès de Rolande pour que l'on retrouve une autre vie passée heureuse afin de continuer ce travail de renforcement dans le but qu'elle puisse se délivrer complètement du traumatisme de l'inceste. Elle accepte. Elle choisit elle-même le thème d'une vie passée *dans laquelle elle aurait vécu beaucoup de joie.*

54

R : Cela se passe sur le bord de la mer. Je suis une Hawaïenne. J'ai les cheveux longs et bruns. J'ai des fleurs dans les cheveux. J'ai des enfants, un amant (mari), un beau village. La vie est très simple, très facile. Cette fille n'est vraiment pas compliquée. Elle est aussi reliée à Dieu, elle regarde la mer et elle dit : «Merci.» Elle a un enfant dans les bras et elle est contente. C'est drôle, ça me dit que ce peuple a vécu 50 ans de bonheur, tu sais là où il ne se passe rien, où personne n'est attaqué, où il n'y a pas de maladie grave, où il n'y a pas de *bibites*. Il y a beaucoup de sécurité.

Ce sont des gens qui font beaucoup, beaucoup confiance à la terre. Je vois un homme qui, lorsqu'il sort de l'eau, embrasse la terre pour la remercier de leur avoir donné de l'eau. Ces gens peuvent consacrer beaucoup de temps au jeu parce qu'ils n'ont qu'à grimper dans les arbres et à aller pêcher le poisson pour avoir leur nourriture. Je ris beaucoup. Je vois mon mari essayer d'attraper un poisson avec une lance et manquer son coup. Je ris bien bien fort. Le petit bébé dans mes bras rit avec nous. C'est facile et c'est bon. Je regarde mon mari et je sais qu'il m'aime et je l'aime. On aime souvent faire l'amour dans la forêt. C'est pas grave d'être enceinte parce que j'aime les enfants et j'aime faire l'amour et, il y a assez de nourriture pour tout le monde. J'ai vraiment de la facilité à faire l'amour. Il y a beaucoup de rire.

Juste avant ces 50 ans de bonheur, il y avait eu une grosse sécheresse. Alors, les gens ne voulaient pas tout le temps avoir des enfants parce qu'ils manquaient de vivres. Mais là, tout est revenu. Ils ont vraiment confiance.

Les gens victimes de grands bouleversements et qui ont dû se déplacer ont toujours peur de l'imprévu. Mais eux, non, ils ont repris confiance. Ce n'est pas parce que c'est arrivé un jour, que cela va se reproduire. Pour le moment, c'est là et on va en profiter. L'homme avec qui je suis, a beaucoup d'amour pour les enfants. Ce qui est bien bon; c'est toute l'atmosphère qui règne dans le village. Chaque famille est respectée. Personne n'essaie de prendre le mari de l'autre. Tout le monde est heureux. La sage du village aime m'enseigner, elle dit que j'ai un don. Moi, alors, je m'esclaffe. C'est tellement léger en-dedans de moi, tu sais, avoir un don, c'est comme ... je suis remplie d'humilité; avoir un don, pour moi, ça n'a pas de sens.

T : Et quel est ce don?

R : J'ai le don du rire. Cela fait beaucoup de bien aux enfants. Parfois, j'ai juste à les prendre dans mes bras et j'éclate de rire et l'enfant rit. C'est ça. C'est assez étonnant que la sage du village m'ait parlé de ce don. Je ne réalisais pas comment c'était précieux de rire et je ris souvent. Alors quand elle me fait cette révélation, je vois que c'est précieux le rire. Et je suis très généreuse. Je peux prendre mon enfant dans mes bras ou d'autres enfants et c'est pas grave. Dans ce village, tu as vraiment le sentiment de sécurité et il y a de la place pour tout le monde. Il y a vraiment beaucoup de bien-être avec le partenaire avec qui je suis. J'ai juste un petit peu peur de l'eau; je regarde souvent les autres se baigner mais je ne me baigne pas parce que j'ai peur un peu des requins. Je m'aventure seulement au bord. Parfois mon mari me joue des tours, il va dans l'eau, me prend le pied et là, j'ai peur. C'est lui qui rit. C'est rassurant parce qu'il me démontre que c'est correct d'avoir peur, parce que, parfois, il y a vraiment du danger. Il me montre comment observer dans l'eau. Si tu es au bord de l'eau et qu'elle est toute claire, c'est qu'il n'y a rien dans l'eau, elle n'est pas brouillée. Il m'enseigne à ne pas me baigner toute seule : un se baigne et un autre regarde. Comme ça on n'a pas peur de l'eau. Pour me montrer il se met un peu plus loin dans l'eau et je me baigne, je suis un peu inquiète mais, à un moment donné, j'ai confiance. Il me regarde et je suis capable toute seule de voir le danger.

Je suis très belle. J'aime beaucoup le vent. Ce que je suis, c'est vraiment de la fraîcheur, comme une énergie, parce que lorsque je m'identifie à mon personnage de cette vie passée, je sens de la joie et du bien-être. Je vais revenir un petit peu en arrière où ce sentiment de joie et de bien-être est plus clair... Je suis très belle. Et la sexualité est tellement naturelle. Quand mon amoureux me regarde et me désire, j'éclate de rire... (Pause.)

T : Je te suggère de regarder ton mari en face bien attentivement. Est-ce que c'est quelqu'un que tu connais dans ta vie actuelle?

R : C'est mon conjoint actuel.

T : Y a-t-il autre chose que tu aimerais explorer dans cette vie par exemple par rapport à ton mari?

R : Non, je le sens bien, il m'aime. Je le trouve très beau et il me trouve très belle. Je le fais rire et il me fait rire. On aime beaucoup faire l'amour dans les sous-bois. C'est drôle, dans ma vie présente, je me demandais pourquoi j'appelais mon conjoint, *crocodile* – c'est le surnom que je lui ai donné. Et là, dans cette vie passée, on se regarde et on veut aller dans le sous-bois et il me dit ; *Il faut faire bien attention. Avant, on va vérifier pour voir s'il n'y a pas un crocodile.* (Nous rions tous deux, Rolande et moi.) Le *flash* est venu avec le mot *crocodile*. Je me demandais aussi pourquoi j'appelais mon conjoint actuel *crocodile*. Il a l'air tellement tendre. Il n'a pas du tout l'air d'un crocodile. (Rolande revient dans sa vie passée.) Mon mari est beau, c'est un bel Indien. Il est très tendre. On se complète bien; je fais très bien à manger et lui est un bon chasseur. C'est un être bon. Il sait être un guerrier seulement quand il le faut. Autrement, il est beaucoup axé, comme moi, sur la joie, la famille.

Je vois souvent la sage du village. On a un bon lien avec elle en tant que famille. Je suis sa préférée. (Je pense que c'est ma mère dans ma vie actuelle.) Je la fais vraiment rire. C'est vraiment une bonne maman sage. C'est vrai que c'est la sage du village. Mais son fond est bon et drôle. Elle essaie d'aimer tout le monde équitablement, même si, quand je la regarde dans les yeux, je sens qu'elle m'aime beaucoup. Elle soigne beaucoup avec des herbes. Elle me l'a montré. Moi, j'aime beaucoup employer la feuille de palmier que je mets sur les blessures. C'est à cause de sa texture que je l'aime. Je pratique cet art de façon candide, pas comme une science. Et dans ma cuisine, je garde toujours des petites herbes spéciales qui font que mes enfants, mon amoureux et moi sommes toujours en santé. Je sais faire ça. Je le fais aussi quand je cuisine pour le village. Mais je ne suis pas la soigneuse attitrée. C'est elle, la dame sage, qui l'est. Mais j'apprends facilement tout ce qu'elle m'enseigne. Dès qu'elle me montre quelque chose, je le pratique. C'est ça qu'elle aime. Elle m'a montré à travailler avec une pierre verte.

T : Est ce qu'il y a des choses que tu aimerais découvrir par rapport à ce genre de médecine ou à ce genre de thérapie?

R : Oui, si c'est joyeux. J'ai beaucoup travaillé avec les fleurs. Par exemple, je faisais des couronnes de fleurs, et quand je les mettais sur la tête des gens, je pouvais les guérir de quelque chose parce que je choisissais chaque fleur en fonction des besoins de la personne. Celles que je faisais pour mettre au cou étaient souvent dans les teintes rosées et cela rendait les gens joyeux et ils dansaient. Je vois une femme pour qui j'avais monté un collier et elle danse. C'est pour ça que la sage m'avait dit que j'ai le don du rire. Par contre, je dois rester discrète, ne pas imposer ouvertement le rire chez personne, cela doit sembler naturel. C'est notre secret, il n'y a qu'elle et moi qui savons ce que je peux faire. C'est lourd, n'est-ce pas, d'avoir la responsabilité de soigner tout un village? À me voir si candide, ingénue, on ne croirait pas que j'aie une telle responsabilité...

Je (Rolande) veux poursuivre parce qu'il y a une petite fleur blanche qui m'est apparue. C'est peut-être un lys, je ne sais pas. C'est drôle, c'est comme si je guérissais les otites avec cette fleur. Je la mettais près de l'oreille et je soufflais dedans, cela aidait beaucoup. Il fallait s'assurer avant qu'il n'y ait pas d'insecte à l'intérieur de la fleur. Je faisais macérer ces fleurs et avec le liquide obtenu, je traitais l'oreille. Je suis toujours beaucoup dans le rire. J'ai tellement confiance que Dieu est bon. Peut-être que je pourrais demander quel cadeau j'ai ramené de cette vie-là?...

T : Avant de passer à cela, puis-je te demander si tu fais des liens entre cette vie passée et l'autre où tu étais une petite Noire riant tout le temps?

R : Le lien, c'est l'amour des gens. C'est ça qui est le plus précieux pour moi, parce que la petite fille du village se sentait aimée et ici (dans sa vie de femme hawaïenne), je sens que c'est un village où on s'aime. On dirait que c'est bien important pour moi d'être aimée par une communauté, de sentir le soutien de l'amour. C'est un beau lien entre ces deux vies.

T : Laquelle des deux vies vient en premier?

R : Celle de la petite Noire.

T : Très bien. Alors posons-nous la question : *Quel cadeau aimerais-tu ramener avec toi?*

R : Le rire.

J'invite alors Rolande à se concentrer sur son personnage et à bien se «connecter» à cette qualité de rire du personnage. Puis, j'utilise la technique de la superposition des diapositives. Il s'agit de lui demander de visualiser d'un côté la diapositive de cette Hawaïenne pleine de rire dans cette vie passée, et de l'autre, de visualiser la diapositive d'elle-même dans sa vie actuelle; je lui demande de ramener au centre les deux images et de les superposer comme si elles se fondaient l'une dans l'autre.

Chaque fois que cette technique est utilisée, le sujet ressent comme une émotion de renforcement, comme s'il sentait à l'intérieur de lui-même, soudainement, les qualités qu'il possédait dans une vie passée en particulier. Je lui demande alors de se visualiser dans sa vie actuelle avec cette nouvelle image de soi dans les différents aspects de sa vie, soit sociale, familiale, amoureuse et professionnelle. Puis, le sujet est invité à se visualiser ainsi plusieurs fois durant le reste de la semaine. Il y a toujours un impact positif dans sa vie présente (dans le sens des qualités retrouvées de cette vie passée).

Quand ces exercices de superposition et de visualisation sont terminés, j'invite et j'aide le sujet (Rolande, dans le cas présent) à se reconcentrer sur le moment présent, dans sa vie présente.

R : Quand tu m'as demandé de me visualiser dans ma vie actuelle avec cette joie et ce rire, j'ai vu ma maison pleine de fleurs. Je me rends compte aussi, que de ce temps-ci, je me suis impliquée dans la vente d'un produit médicinal uniquement à base de fleurs. Ce sont des fleurs fraîchement cueillies et séchées dont on fait une poudre et un onguent. En suivant les instructions, j'ai fait des expériences sur moi avec un de ces produits, et j'en ai vendu un peu. Tu vois, je me retrouve avec le même produit que celui à base de fleurs utilisé dans une vie passée.

T : C'est fascinant. On trouve tellement de similarités entre notre vie actuelle et nos vies passées, au point qu'il est difficile de les imaginer avant d'avoir fait l'expérience de régression dans des vies antérieures et de le découvrir de cette façon.

R : Je dois dire que c'est vraiment amusant de me voir impliquée dans la vente de ces produits à base de fleurs.

T : Selon mon expérience, je suis tenté de comprendre ce phénomène comme le résultat d'une inspiration de notre subconscient à faire telle ou telle chose, à réagir de telle ou telle façon, parce que c'est à l'intérieur de soi que se situe l'apprentissage que nous avons fait. Cet apprentissage peut avoir été fait dans notre vie actuelle ou dans une vie passée. Cependant, ce qu'il faut réaliser, c'est que cet apprentissage continue à faire partie de nous et nous inspire à notre insu (je devrais dire à l'insu de notre conscient et de la partie rationnelle et consciente de notre personne).

Quand nous prenons conscience de ce phénomène, nous nous apercevons en même temps de la multiplicité de notre être. Nous prenons conscience aussi de l'immense richesse de notre être, richesse qui se situe dans ce vaste réservoir qu'est notre subconscient, lequel peut toujours mettre ces richesses à notre disposition si nous le désirons. Le retour dans des vies passées est un moyen qui nous le permet. Il sera certainement très intéressant d'en observer l'impact dans ta vie, lors de notre prochaine rencontre.

Rolande a toutefois décidé, à ce moment, de mettre fin à sa thérapie. Elle n'a pas senti le besoin de continuer avec moi. Cependant, son cas m'est apparu tellement intéressant que, quatre mois plus tard, j'ai voulu l'interviewer, à la fois pour suivre ses progrès et pour vérifier si les acquis thérapeutiques se maintenaient.

Quatre mois plus tard :
Commentaires de Rolande

R : Quand j'ai revu mon expérience d'inceste, cela a confirmé bien des choses. Cela m'a beaucoup aidée, parce qu'à partir du moment où j'ai reconnu avoir vécu ça, je ne me suis plus jamais vue comme un rat. La petite fille intérieure, qui pendant tant d'années voulait que j'aille voir, a cessé de me voir comme un monstre ou comme un rat. Je n'ai plus jamais vu cette image des yeux de rats dans le miroir. L'abcès a alors été crevé. Cela a fait beaucoup de bien, mais en même temps, c'était très difficile à croire, d'où la tension et la grande fatigue que mon corps éprouvait. Puis tu es arrivé avec l'idée des vies passées sur l'humour : les résultats ont été très perceptibles. Mon corps est détendu depuis ce temps.

À cacher ce grand secret (l'inceste), j'étais tout le temps sous tension. J'étais hypersensible. Alors, il y avait toujours un contrecoup psychosomatique à ce que je vivais, à cause de toute l'énergie que je prenais à cacher ce secret. Mais à partir du moment où je me suis permis d'aller voir ce qui m'était arrivé dans mon enfance, cela m'a fait du bien de ne plus me percevoir comme un monstre et à prendre soin de la petite fille en moi. Ce qui m'a fait le plus de bien, globalement, ce sont les vies sur l'humour. Cela m'a détendue, cela a ramené la confiance. Maintenant, dans mon travail, quand j'anime des groupes, mon corps est beaucoup plus détendu, ce qui l'aide beaucoup à accepter de ressentir à nouveau le plaisir. Bien sûr, il me reste une étape à franchir : celle de redire *oui* au plaisir. L'inceste que j'ai vécu a été tellement marquant que ce n'est qu'au compte-gouttes que je disais *oui* au plaisir. Maintenant, cela est compris et évacué. La détente que les vies sur l'humour ont créée en moi m'assure que je suis sur la bonne voie, que je vais être capable à nouveau de dire : *Oui, j'ai droit au plaisir*. Cela, c'est l'étape que je suis en train de vivre présentement. Cependant, à la base, le plus grand bienfait que j'ai retiré de cette thérapie a été d'aller voir ce que je ressentais dans ces vies sur l'humour. Cela a amené tout de suite un plus grand bien-être. Tu m'avais dit : *Tu vas voir, il va y avoir beaucoup de gens qui vont te dire que tu es belle*. Depuis ce temps, cela s'est avéré vrai. J'ai retrouvé la beauté que j'avais déjà vue dans mes deux vies sur l'humour, tu sais cette beauté, cette âme naïve, qui maintenant ose remonter à la surface.

Ce qui m'a été d'un très grand soutien dans cette expérience a été la confiance que tu avais dans mon discours, en moi, et l'appui que tu me donnais. À mon avis, il ne suffit pas seulement de découvrir «les» choses en thérapie; tu dois sentir, avoir la certitude que ton thérapeute croit ce que tu dis. Cela est d'un grand soutien. Cet aspect a presque autant d'importance que le reste de la thérapie : la réceptivité de celui qui écoute. Peu importe ce que j'ai découvert dans mon corps, je l'ai cru; mais l'inceste..., j'en doutais. Je me demandais si je l'imaginais. Je me demandais même si cela s'était passé dans une vie antérieure ou dans la présente vie. Toi, tu me disais : *Fais-toi confiance. Si ton corps ne t'a jamais menti, Rolande, pourquoi te mentirait-il maintenant?* Dans le processus, cette foi que tu plaçais en moi a été aussi très importante. Ensuite, lorsque tu as constaté qu'il en était assez de la souffrance causée par mon inceste, tu m'as invitée à choisir une vie joyeuse. Cela a été pour moi extraordinaire comme *timing*. Ainsi, ton attention, ton écoute et ta perspicacité ont eu autant de bienfaits que d'avoir été dans les vies antérieures. On dirait que ces deux aspects font autant de bien l'un que l'autre.

Je pourrais même émettre l'hypothèse que quelqu'un qui n'aurait pas apporté un tel soutien ne m'aurait pas fait autant de bien. Il faut comprendre que chez moi, l'inceste s'est passé avec mon père. Malgré tout, j'avais toujours besoin de l'approbation d'un père; ce n'est donc pas pour rien que je n'avais jamais exploré ça avec aucune autre personne que toi, un homme. Cela me prenait un gars, et un gars qui me croit. Tu étais chaleureux après la séance, tu m'accueillais, tu te préoccupais à savoir si j'allais bien. De plus, ce soutien ne s'arrêtait pas à la sortie de ton bureau. Et cela avait des répercussions, pour moi, en tout cas. Personnellement, je ne peux pas travailler «à froid». Si je vais à un endroit et que je ne me sente pas appuyé complètement, même si l'on accueille bien ma séance, je me dis que je n'ai rien à faire là, que je n'ai pas besoin de vivre ça. Peut-être aurai-je moins besoin, maintenant, d'un tel degré de soutien. En résumé, ce qui m'a le plus aidée, c'est la détente physique de mon corps qui n'avait plus à retenir ce secret. Cela m'a permis de récupérer de l'énergie.

T : Tu me disais aussi, à un moment donné, que tu devenais meilleure thérapeute parce que tu te faisais plus confiance et que tu pouvais mieux apprécier tes propres habiletés, tes propres succès.

R : C'est vrai. Je ne me rappelais pas te l'avoir dit. Parfois, j'étais triste à la fois de voir tellement de beaux résultats et la magicienne que j'étais et de douter de mon propre impact comme thérapeute. Maintenant je doute de moins en moins.

T : En somme, tu te permets maintenant de t'attribuer la partie qui te revient dans les succès de tes clients.

R : Oui, oui. Et cela me permet de grandir et me donne davantage d'énergie. Tu vois, ce matin, je faisais l'exercice de choisir la joie et je réalisais que j'étais excellente dans certaines choses précises comme thérapeute. Je sentais en moi une assurance, une certitude que je fais bien ce que j'ai à faire et que j'ai une qualité d'âme en-dedans qui a besoin de grandir et de comprendre; tandis qu'avant, le doute était toujours présent, même après dix ans d'expérience. C'était très dur. Maintenant je me dis que ce qui est changé, ce n'est pas la qualité de mon travail (je donne une aussi grande qualité), c'est mon corps qui est moins fatigué : il est détendu. De plus, je ne suis plus assaillie par le doute. Alors, je n'ai pas besoin d'arriver chez nous et de raconter ma fin de semaine à mon amoureux pour qu'il me dise: *Ah! c'est bien*. J'arrive avec la sensation physique que tout est bien. La dernière séance d'animation de groupe que je viens de terminer démontre bien cela. À la fin de la séance, je me rends compte que je plaisante avec les participants, que je les fais rire. Et là, je constate que je suis davantage capable de ressentir les sentiments des autres; avant, j'attendais toujours une forme d'approbation. Le fait de tellement me cacher de ma souffrance m'empêchait de ressentir les autres. Je pouvais constater mais pas autant ressentir. Maintenant, je peux même dire aux personnes dans mes ateliers : *Comme on est content!* Je regarde chaque frimousse et je leur dis : *Vous êtes contents, n'est-ce pas? Moi aussi*. Et on se met à rire. Mon corps est détendu. Je pense que c'est le résultat immédiat de mon travail en thérapie.

Ce récit «thérapeutique» occupe peut-être plus que sa part de longueur, mais cette histoire méritait bien qu'on lui accorde autant d'espace. Je pense aussi que tous ces détails et toutes ces descriptions fournissent suffisamment de matériel, non seulement dans le cadre d'une meilleure compréhension, mais aussi pour constater à la fois la simplicité de la méthode de thérapie, son impact dans la vie de quelqu'un et la durabilité de cet impact.

Je me suis permis aussi de relever tous les commentaires de Rolande sur la qualité de l'accueil d'un thérapeute à son égard. Il est important de souligner cet aspect du travail thérapeutique. À mon avis, la seule connaissance de techniques de régression dans des vies antérieures ne suffit pas. Il est important que ceux ou celles qui désirent faire l'expérience de la régression dans les vies antérieures, pour se guérir de traumatismes importants, choisissent un thérapeute qui possède une qualité d'accueil sans réserve pour pouvoir établir un lien de confiance avec celui-ci.

Chapitre 3

Un problème d'agoraphobie
résolu par des vies passées heureuses

Depuis quelques années plusieurs agoraphobes font appel à mes services. Je constate que le phénomène de l'agoraphobie est maintenant reconnu et identifié comme une problématique particulière. Il ne représente pas un problème très commun dans la population puisqu'il est estimé qu'environ deux pour cent seulement de la population en souffre à divers degrés. Cependant, il n'en demeure pas moins que la victime est sérieusement handicapée dans sa vie quotidienne. D'autre part de nombreuses personnes souffrent d'autres types de phobies, telles que la claustrophobie, la peur de la noirceur, la peur de prendre l'avion, la peur des hauteurs, la peur de la foule, la peur de la maladie, etc. Le mécanisme de la phobie étant le même pour toute phobie, j'ai pensé qu'il serait d'intérêt pour plusieurs lecteurs d'aborder ce sujet.

Il est important de spécifier que l'agoraphobie est un état de panique que ressent le sujet, surtout quand il sort de son domicile. Cet état de panique peut survenir à l'improviste, semble-t-il, n'importe quand, sans aucun signe précurseur qui pourrait laisser au sujet le temps de se préparer. Il survient surtout dans des endroits publics, là où il y a foule, comme dans le métro, dans un magasin, en attente dans une file à la banque, lors de la traversée d'un pont en automobile, ou simplement lors de la conduite de son véhicule sur l'autoroute.

Lors de ces attaques de panique, le sujet peut soudainement ressentir une grande anxiété, des palpitations cardiaques, de la sudation, des tremblements de mains et parfois de l'hyperventilation. L'attaque peut survenir assez subitement, au point où le sujet ne comprend absolument pas ce qui lui arrive. Très souvent, il a l'impression de ne plus être maître de lui et de devenir fou.

L'exemple choisi ici est bien unique, tant dans son intensité que dans son degré et ses causes. La personne en question souffre de ce problème d'agoraphobie à un degré personnel, d'une façon personnelle et pour des causes personnelles. Toutefois, le thème de l'agoraphobie demeure universel en soi et le principe de traitement devrait pouvoir s'appliquer à tout problème de phobie. Ce qui est sûr, c'est que la méthode de traitement par les vies antérieures apporte une nouvelle dimension au soulagement possible de cette souffrance humaine.

Voici Claude, âgé de quarante et un ans, soudeur de son métier, marié, vivant avec son épouse et sans enfant. Ses difficultés principales se résument ainsi : depuis deux ans, il est incapable d'aller au travail, même si son patron l'appelle occasionnellement pour lui dire que son emploi lui est réservé; il est incapable de conduire sa voiture; il adore les chevaux, en possède un, mais est incapable de faire de l'équitation ou même d'aller seul à l'écurie. De fait, il est tellement phobique que son épouse doit l'accompagner à mon bureau. Elle devra être présente à chaque rencontre durant les quatre premiers mois de sa thérapie.

Les symptômes qu'il présente sont les symptômes classiques de l'agoraphobe lorsqu'il est en situation de panique; s'il essaie de conduire sa voiture, d'aller à l'écurie tout seul ou simplement de vouloir aller dans un restaurant. Il ressent alors des palpitations cardiaques, il peut souffrir parfois d'hyperventilation, il réagit avec des tremblements des mains, parfois des jambes, et se sent faible. En d'autres mots, il se sent tout d'un coup submergé par la panique. Comme cela survient sans raison apparente, il se pose des questions sur sa santé mentale. Et ce doute de lui-même, qui tend à augmenter à chaque crise, ne fait qu'empirer l'angoisse. Claude a nettement l'impression qu'il perd la maîtrise de lui-même. Cela est extrêmement désagréable, d'autant plus que ses proches ne sont habituellement pas en mesure de comprendre le phénomène et font ainsi de moins en moins preuve de tolérance envers la personne agoraphobe. De plus, comme Claude ne travaille plus depuis deux ans, les problèmes financiers augmentent et la situation de ce couple est devenue extrêmement tendue.

Il existe plusieurs théories pour expliquer le phénomène de l'agoraphobie. Certains y voient des causes physiologiques et vont alors préconiser un traitement médicamenteux. Certains y voient des causes psychologiques et recommanderont alors une approche en psychothérapie. Ceux qui se spécialisent dans en psychothérapie sont habituellement d'accord pour une combinaison des deux approches. Cependant, il convient de dire qu'habituellement la méthode de psychothérapie préconisée est circonscrite aux méthodes comportementales. Mon impression personnelle, bien que bonne en soi, me porte toutefois à dire que les méthodes comportementales n'arrivent pas à traiter en profondeur ce que j'appelle un cas avancé d'agoraphobie.

Dans l'optique de la continuité de l'évolution de la personnalité d'un individu, au fil de nombreuses vies, je dépasse le concept des causes de problèmes dans le contexte d'une vie unique. Il ne s'agit pas de nier l'importance de la vie actuelle. Au contraire, elle est de loin la plus importante puisqu'elle est celle que toute personne vit actuellement, et dont dépendent ses vies futures. Cependant, la question est de considérer aussi l'apport des vies précédentes et comment il est possible d'en tirer profit.

Revenons donc à Claude et examinons le genre de vie qu'il a eu et quelles sont les composantes principales de sa personnalité. Il est fils unique, est plus près de sa mère que de son père, lequel, bien que bon pourvoyeur, est un homme renfermé et incapable d'exprimer ses sentiments. Il n'a même jamais été capable d'encourager son fils; en somme, une relation père-fils peu gratifiante pour le fils. Claude est habituellement une personne joviale, assez sensible, mais qui s'affirme difficilement et qui a tendance à se dévaloriser et à se culpabiliser. Il aime son épouse mais, à ce stade-ci, leur relation est devenue très tendue. L'épouse commence à en avoir assez d'un homme qui, dit-elle, *n'est pas homme.* C'est ainsi qu'elle est arrivée à le percevoir.

Sur le plan de l'évolution de son agoraphobie, Claude prétend qu'il en a souffert à différents degrés depuis l'âge de 12 ou 14 ans, où déjà il commençait à se limiter dans ses sorties. Il y a dix ans il a été traité pendant une année par un psychiatre qui préconisait des méthodes de relaxation. Il y a trois ans, il a été traité en psychothérapie par un psychologue qui utilisait des méthodes comportementales. Malheureusement, le problème a persisté et, depuis deux ans, Claude est même incapable de sortir seul de chez lui.

Les six premières rencontres

Durant les six premières entrevues, je n'aborde pas les vies passées. Claude n'est pas prêt. Il a surtout besoin d'être motivé au niveau de la confiance en lui et de l'acceptation de soi. Cela est fait au moyen de cassettes de relaxation que je lui enregistre sur place, avec, à la fin, des affirmations qu'il choisit lui-même. Ces affirmations, qu'il choisit selon ses besoins, gravitent autour des thèmes de l'estime de soi, de l'affirmation de soi et de son besoin de penser à lui. Il doit par la suite écouter quotidiennement ces cassettes. Un tel exercice a toujours des effets positifs car, lorsqu'une personne est en état de relaxation, son subconscient fait facilement siennes les affirmations entendues. Il s'inscrit alors en elle un nouveau conditionnement positif qui produit graduellement des effets, sans effort à l'insu du conscient de la personne. C'est ce qui se produit dans le cas de Claude. Au début de la septième rencontre, il me fait part de ses progrès. En général, il est moins nerveux, moins stressé et plus détendu.

Par la suite, pendant plusieurs rencontres successives, je guide Claude dans des vies passées à succès pour l'aider à retrouver des éléments de confiance en soi. Ce sont des vies passées bien ordinaires, mais des vies passées où il réussit ce qu'il entreprend : garde-chasse en Angleterre au Moyen Âge, où il a du plaisir à apprivoiser un ours et à s'en faire un ami; dans le Wyoming, cowboy en conduisant des bêtes à cornes d'une région à l'autre; à Chicago, père de famille, contremaître prospère dans une petite fabrique de chaussures; il sauve quelqu'un de la noyade; il vit une belle relation amoureuse, etc.

À chaque vie passée à succès qu'il retrouve, succède un progrès dans sa vie actuelle sur le plan de sa confiance en lui et de la régression de son agoraphobie. Une semaine plus tard, il est capable de sortir seul de la maison et de se promener autour de sa propriété. Une autre semaine plus tard, il est capable de se rendre seul à pied jusque chez ses parents. Puis, d'une chose à l'autre, il est capable de se rendre seul à l'écurie, il peut aller à un *party* chez des amis, puis, il peut se rendre à son milieu de travail pour une visite, où il en profite pour parler avec un surintendant envers lequel il avait de la difficulté à s'affirmer. Tout cela sans panique et en se sentant relativement en paix intérieurement. Les petites victoires s'accumulent et sa confiance aussi. Néanmoins, le plus étonnant pour lui est qu'il a l'impression de ne pas faire d'effort dans l'accumulation de ces victoires.

Le point culminant de son progrès survient quatre mois après le début du traitement. Claude retourne au travail à temps plein. Les succès continuent de s'accumuler graduellement au fil des semaines. Il peut faire de l'équitation, seul. Il réussit à prendre l'ascenseur, seul, jusqu'au quatrième étage, quelque chose qu'il lui avait été impossible de faire depuis treize ans. Il réussit à conduire, seul, sa voiture. Il reçoit une promotion au travail, il est nommé chef du service de nuit et responsable d'un groupe de quinze travailleurs. Deux mois plus tard il reçoit avec fierté les félicitations de ses patrons pour l'amélioration de la productivité de son service. À ce moment-là, Claude décide de mettre fin au traitement.

Que s'est-il passé chez Claude au cours de ces quatre mois de thérapie? Au fil des réminiscences de ses ressources personnelles dans diverses vies passées, il a graduellement, pas à pas, retrouvé une confiance en lui bien méritée. Au fil de ces retours dans diverses vies passées, en les revivant, il s'est identifié à ses ressources *innées,* développées dans ces autres vies. Il a pu réveiller ces ressources et les réactiver dans sa vie présente.

Le plus mystérieux et le plus surprenant pour ceux qui préconisent avant tout l'utilisation de leur hémisphère cérébral gauche (soit la volonté, les efforts et le raisonnement) est que cela se soit fait sans effort. On peut dire qu'il y a eu véritablement transformation graduelle de la personnalité de Claude. Il a réussi à se ressourcer simplement en puisant à même son propre trésor d'expériences et d'apprentissages passés. Le ressourcement a été fait au niveau des mémoires de vies passées, qui se situent dans l'hémisphère cérébral droit.

Neuf mois après le début du traitement, Claude me téléphone pour me dire qu'il a décidé de réaliser le rêve de sa vie : ouvrir une école d'équitation et y enseigner. Il a déjà commencé à prendre des cours d'équitation (il est pourtant un excellent cavalier) dans le double but de recevoir une reconnaissance officielle et une formation dans l'enseignement de l'équitation. Il veut éventuellement ouvrir une école d'équitation. « Pourquoi la décision de finalement réaliser son rêve, pourquoi les chevaux? » Ma perception est que, lors du retour dans certaines vies passées, Claude a pris conscience de façon plus percutante de son grand amour pour les animaux (dont évidemment les chevaux, puisqu'il adore faire de l'équitation dans sa vie actuelle). Cette prise de conscience a réveillé en lui un rêve qui existe depuis le début de sa vie actuelle : celui d'enseigner l'équitation. En somme, lors de son plan de vie, au niveau de l'âme, il avait déjà planifié ceci dans un but d'évolution spirituelle pour sa vie présente. Il en prenait soudainement conscience avec enthousiasme et plaisir. Se sentant inspiré par ce désir et ce rêve, il décide d'aller de l'avant.

Cet épisode fait ressortir un des bénéfices marginaux de la thérapie de régression dans les vies passées. Le sujet prend conscience d'une façon plus vive de ses propres rêves, issus habituellement de son plan de vie original et s'en trouve inspiré vers de nouvelles expériences dans sa vie.

Dans le cas de Claude, réalisera-t-il son rêve, mettra-t-il vraiment sur pied sa propre école d'équitation? Je n'en sais rien. Il possède toutes les qualités pour réussir et je le lui souhaite de tout cœur. Néanmoins, s'il n'a réussi qu'à liquider son agoraphobie et à se permettre de s'identifier à ses propres rêves et inspirations, c'est déjà une grande réussite personnelle.

Arrêtons-nous maintenant à l'hypothèse qu'au fil de notre évolution d'une vie à l'autre nous développons des talents particuliers. Considérons aussi la possibilité que le développement de talents se prépare et s'accentue d'une vie à l'autre. Dans cette optique, on doit noter l'évolution de Claude d'une vie à l'autre. Ainsi, il rêve de posséder et de diriger une école d'équitation. On peut se demander pourquoi ce rêve surgit soudain dans sa vie actuelle.

Remarquons l'évolution de Claude dans ce sens. Remarquons tout d'abord la préparation venant d'autres vies. Observons son amour des animaux : garde-chasse, il apprivoise un ours dans une vie, il mène une vie de cowboy dans une autre. Dans sa vie actuelle, il raffole des chevaux et il est un excellent cavalier. De plus, Claude a déjà été contremaître dans une vie passée, et il est chef de service dans sa vie présente. Ma perception est que depuis plusieurs vies il se prépare à un tel défi. Tout concorde. On y trouve une excellente préparation pour qu'il aboutisse comme directeur d'une école d'équitation. La confiance revenue, il devrait réussir.

Avant de clore ce chapitre, je me dois de vous raconter une histoire plutôt amusante à propos du style de régression chez Claude. Rarement un client m'a-t-il fait travailler autant durant chaque séance! Tout d'abord lors de la régression d'un sujet, je note, mot à mot, tout ce qu'il me dit. Cela est important car, par la suite, je peux me servir de ces notes pour l'aider à faire des liens dans sa vie présente. Comme je ne sais pas d'avance ce qui sera important pour lui, je n'ai d'autre choix que d'écrire tout ce qu'il me dit.

Claude possède un talent bien particulier en régression : son débit de paroles est ultra-rapide lorsqu'il décrit ce qu'il voit, ressent et entend et ce, avec force détails. Une vraie «mitrailleuse»!, au point où, souvent, j'ai dû l'interrompre en lui demandant la grâce d'une pause pour me permettre de terminer mes notes. Il ne se rendait pas compte de son talent. Je le lui ai fait remarquer. J'en ai d'ailleurs profité à quelques occasions pour le taquiner en lui recommandant de ralentir la cadence de sa «mitrailleuse». Nous en avons bien ri.

L'épouse de Claude a été présente à chacune des entrevues durant les quatre premiers mois. Une telle présence peut ajouter à la pression sur le thérapeute et sur le client. Toutefois, cela n'a pas été le cas. Elle a très bien collaboré en conservant un silence religieux durant chaque régression. Elle a posé certaines questions après chaque séance. J'en profitais pour l'encourager, parce qu'il ne faut pas oublier que c'est elle qui, pendant deux ans, était l'unique gagne-pain du couple et qu'il lui était très difficile de comprendre ce qui arrivait à son mari.

Il faut convenir que les gens ont besoin d'une bonne dose de confiance en leur thérapeute pour accepter de retourner dans des vies passées. Dans son cas, elle n'était que le témoin silencieux de la thérapie de son mari. Elle n'avait aucune maîtrise de la situation. D'ailleurs, il y avait chez elle un sentiment de désespoir, d'une part, envers leur vie de couple, et, d'autre part, envers leur situation financière. Son seul revenu ne suffisait pas à payer l'hypothèque de leur maison qu'ils étaient en danger de perdre. De fait, Claude est retourné au travail juste à temps pour éviter la perte de leur propriété.

Ce fut pour eux un grand soulagement et ce le fut pour moi aussi. Personnellement, au fil de ces quatre mois de traitement, gardant en tête leur situation financière, je me demandais, justement, quand Claude pourrait retourner au travail. Je ne pouvais exercer aucune pression sur lui pour accélérer le traitement. Un tel geste de ma part aurait eu l'effet contraire. Et c'est en poussant un *ouf* intérieur de soulagement que j'ai constaté le changement si bien synchronisé qui lui permettait un retour au travail. Je m'en suis réjoui avec eux.

Je tiens à dire que, dans ce cas-ci, j'ai éprouvé un sentiment bien particulier de satisfaction d'avoir pu permettre à ce couple de s'en sortir, sur le plan à la fois psychologique et financier. Je me suis senti non seulement doublement gratifié, mais allégé aussi. Je savais bien que ce poids ne me revenait pas, il n'était pas le mien. J'imagine toutefois qu'il n'est pas toujours possible de s'empêcher de prendre les choses trop à cœur.

Avant d'aller sous presse

En revisant mes notes une dernière fois, je n'ai pu résister à la curiosité de rappeler Claude, que je n'avais pas vu depuis deux ans. J'ai pensé que le lecteur aimerait connaître la suite des aventures de notre «cavalier».

Au téléphone, j'ai remarqué le changement dans le ton de sa voix : une voix plus ferme, un ton plus joyeux, une plus grande assurance! Claude a persisté dans sa voie. Il a continué de se perfectionner en équitation. Il doit bientôt commencer à faire de la compétition avec un nouveau cheval spécialement entraîné pour de tels concours et il espère obtenir, par la suite, le statut *junior* dans ce domaine. D'autres étapes restent à franchir pour atteindre le statut de professionnel, puis obtenir la reconnaissance officielle lui permettant d'ouvrir sa propre école d'équitation. Il les entrevoit cependant avec confiance et enthousiasme. Vraiment, une belle histoire!

Chapitre 4

Ressourcement

par ses propres talents passés

Ce chapitre est dédié au phénomène de croissance personnelle, dans un contexte de rencontre individuelle, par la méthode de retour dans des vies passées. J'ai fait cette découverte grâce à un ami qui m'a adressé une demande expresse pour améliorer son talent au moyen d'une vie passée. Les résultats nous ont tous deux enchantés. Mon ami a continué à développer son talent. Pour ma part, je me suis mis à explorer plus à fond ce potentiel de croissance personnelle offert par le retour dans les vies passées.

D'ailleurs, qui n'a pas rêvé de développer ses propres talents? Qui n'a pas espéré se découvrir d'autres talents? Qui n'a pas désiré changer de métier en espérant avoir le talent nécessaire pour réussir dans un nouveau domaine qui l'attire? Combien ont osé se faire confiance dans un tel cas? Souvent ils se sont laissés freiner par les doutes ou la peur de l'échec.

Pourtant le potentiel de la réactivation d'un talent, déjà développé dans une autre vie, est présent dans le principe même de la réincarnation. Peut-être, est-ce simplement une question de savoir de quelle façon se connecter à des talents *innés*, cachés à l'intérieur de soi.

Une deuxième carrière dans le chant

Voici un individu qui s'est posé les questions suivantes : *Qu'est-ce qui m'inspire le plus dans ma vie actuellement? Qu'est-ce que j'aurais le goût de faire, ou quel talent aimerais-je développer?* Cet individu a laissé monter ses propres inspirations intérieures et les a écoutées. Il s'est permis ce brin de folie en osant passer à l'action, à sa façon évidemment, et en suivant la direction de ses inspirations. Par la suite, il a utilisé la méthode de retour dans des vies passées pour consolider son action.

Il s'agit de Paul, un médecin dans la cinquantaine, habitant la province de l'Ontario et qui vient me voir pour améliorer la qualité de sa vie. Nous avons appris à nous connaître surtout par l'entremise de certains patients qu'il m'envoie en psychothérapie. Nous sommes spontanément devenus amis. Il connaît très bien mes méthodes de traitement puisque régulièrement nous échangeons ensemble sur les progrès des patients envoyés.

Depuis quelques années, Paul a repensé sa vie. Il est un homme vigoureux et énergique qui insiste maintenant sur l'importance de la qualité de sa vie et non plus sur le besoin d'amasser une fortune. Conséquemment, il a cessé de travailler comme un fou et a diminué ses heures de travail. L'une de ses priorités actuelles est de faire de l'exercice physique dans un gymnase trois heures par semaine. Il se motive en mesurant sa progression dans ce domaine.

Paul est un homme en parfaite santé physique et mentale, qui réussit bien dans sa profession. Il est très expressif, très bien articulé et même relativement volubile. C'est dans une optique de croissance personnelle qu'il fait appel à mes services. Il veut améliorer un aspect particulier de sa vie, la qualité de son chant. Il s'agit d'un homme assez exigeant pour lui-même et qui a toujours tendance à vouloir atteindre la perfection. Il ne se satisfait pas facilement d'arriver deuxième. Sa question est de savoir si, avec mes méthodes, je peux l'aider à améliorer d'un cran la qualité de son chant. Pour lui, cette différence représente la différence entre quelqu'un qui est bon et quelqu'un qui est champion.

À première vue, il n'est pas évident que la régression dans une vie passée peut rendre un tel service. Il est cependant important de remarquer tout d'abord le grand intérêt de Paul pour le chant. De fait, cet intérêt est si grand que depuis plus de deux ans, il prend des cours sur une base hebdomadaire et vocalise quotidiennement. On peut donc supposer qu'il répond à une inspiration intérieure reliée, d'une part, aux besoins de développement personnel et, d'autre part, à un développement de sa personnalité déjà amorcé dans plusieurs autres vies passées. On peut émettre l'hypothèse que le talent qu'il manifeste dans sa vie actuelle a fort probablement été développé dans d'autres vies. Cela serait sans doute la raison pour laquelle cet intérêt refait surface actuellement. Au moment de notre rencontre, il s'est déjà aventuré dans cette direction.

Dans son cheminement, Paul s'est d'abord mis à l'écoute de ses inspirations intérieures. Puis, il a passé l'étape de la prise de conscience de ses propres rêves. Ensuite, il a accepté de s'en laisser inspirer et il a commencé à les réaliser. Son exemple présente un intérêt pour de nombreuses personnes qui songent à changer la direction de leur vie professionnelle ou qui sentent le besoin d'améliorer la qualité de leur performance. Quel que soit le métier pratiqué, la probabilité est grande que cette méthode de retour dans nos vies passées puisse nous aider à changer d'orientation et à passer à l'action.

Il existe plusieurs raisons pour lesquelles j'ai choisi de vous présenter l'exemple de Paul. Il s'agit tout d'abord d'un cas à court terme. Trois rencontres seulement. Celles-ci ont répondu de façon précise à ses attentes. Deux de ces rencontres ont porté sur la réminiscence de deux qualités particulières qui l'ont aidé selon ses expectatives. La troisième a porté sur une vie passée qui a mis à l'épreuve sa confiance actuelle en lui-même comme chanteur. Cela lui a permis d'éliminer ce relent de doute toujours persistant. En trois séances seulement.

Les autres raisons qui m'ont incité à choisir l'exemple de Paul se situent au niveau de ses qualités personnelles. Il est très volubile, mais il possède aussi une excellente capacité d'analyse de ses expériences personnelles. Sa façon de décrire ses expériences offre l'avantage d'illustrer ces phénomènes comme une évidence en soi. Les descriptions qu'il en fait et les explications qu'il en donne sont complètes. On peut le constater par sa description du transfert de sa confiance en lui-même comme chanteur dans sa vie passée en Grèce, à sa vie présente.

Voici donc le préambule des deux demandes précises qu'il me fit à la première rencontre. Paul chante très bien, mais son professeur de chant prétend qu'il manque de confiance en lui et que, par conséquent, il n'est pas assez détendu : il force trop et ne donne pas la mesure de sa voix. Comme Paul me le dit, *ça prend du courage pour chanter devant un auditoire, c'est comme se lancer dans le vide, on doit savoir se faire confiance totalement.*

Schéma des rencontres

Pour mieux nous situer dans ce contexte particulier de croissance personnelle, voici le schéma de nos trois rencontres.

À la première rencontre, Paul me précise son objectif : améliorer la qualité de son chant. Je lui propose alors une vie passée dans laquelle *il a eu beaucoup de succès dans l'harmonisation des sons.*

À la deuxième rencontre, il me dit vouloir absolument développer ou retrouver une qualité qu'il a toujours admirée chez son père qui se distingue par une force de caractère inébranlable. Je lui propose alors une vie passée dans laquelle *il a lui-même développé une force de caractère inébranlable.*

À la troisième rencontre, il me suggère de lui proposer moi-même un thème de vie passée. Je lui fais remarquer que, dans cette vie présente, il nourrit un doute dans son esprit concernant ses dons de chanteur. Je lui émets l'hypothèse que ce doute a probablement son origine dans une vie passée et qu'il aurait avantage à en prendre conscience afin d'éliminer toute influence dans sa vie actuelle. Je lui suggère alors une vie passée dans laquelle *il a eu un succès moindre dans l'harmonisation des sons.*

Une vie passée où Paul a eu du succès dans l'harmonisation des sons

---

P : J'entends une petite musique, un son de flûte, comme du piccolo. La musique est très sereine. L'environnement est serein. C'est très agréable. Il y a beaucoup de lumière. C'est le grand air. Il y a quelqu'un qui joue cette musique : une belle fille qui joue de la flûte traversière. Elle est habillée d'un corsage blanc. Des plis ornent sa robe. Il y a beaucoup de soleil, c'est éclatant de lumière, presque éblouissant. C'est comme un théâtre grec. La jeune fille joue devant moi. Elle bouge en jouant de la musique, elle se dandine, comme quelqu'un qui veut charmer un serpent. La musique est répétitive, les airs et les mesures reviennent. Il fait très beau, c'est chaud, c'est une superbe journée.

T : Peux-tu me décrire ton personnage?

P : Je porte des sandales. Mes mains battent la mesure. Je porte une tunique blanche, avec un bord brodé comme celle d'un Grec. J'ai les cheveux bouclés, bruns foncés, frisés. Mon visage est un peu carré. Je ressens de l'admiration et du plaisir à voir le spectacle de cette fille. Je suis assis sur une stèle. Je vois la scène d'un théâtre. Il n'y a personne. Je suis un peu plus haut et en retrait de la scène surplombée, à flanc de colline. Je suis dans une villa, de l'autre côté des gradins. Je fais répéter une partition à cette jeune fille. Je suis son maître de chant. C'est la grande détente. C'est un grand plaisir de la voir s'exécuter, de l'écouter. Je ressens une grande satisfaction à la voir évoluer. Et j'ai une grande confiance dans la performance qu'elle aura à donner le lendemain dans ce théâtre grec. Je la considère comme ma fille. Je suis son maître de chant.

Paul se pose alors la question : *Comment se fait-il que j'aie abouti dans cette vie, dans la Grèce antique et que je sois devenu maître de chant?*

Je lui suggère alors de revenir en arrière, plus loin dans le temps, dans cette même vie passée, à un moment qui lui donnera la réponse à cette question.

P : Je suis âgé de quatre ou cinq ans. Je suis dans un groupe d'enfants. Il y a une femme qui m'a pris par la main et m'a remarqué à cause de mes talents. Elle m'a adopté pour m'enseigner parce qu'elle considère que je suis doué. C'est le début pour moi. Je suis très touché d'être choisi. C'est une femme qui était une grande dame de la musique. Elle faisait naître des carrières dans ce domaine.

T : Peux-tu voir son visage? Si oui, est-ce quelqu'un que tu connais dans ta vie actuelle?

P : Je ne la reconnais pas. C'est une femme habillée de bleu. Elle m'amène à l'école. Je suis très studieux. Dans un sens, je trouve que cette vie passée est comme une réplique de ma vie actuelle. Je me ressemble : dans ma vie présente, je suis studieux, doux, calme et doué pour les études.

Je me revois maintenant à l'âge de 14, 16 ans. J'ai fait beaucoup de progrès. Je maîtrise un instrument. Je ne chante pas encore du répertoire, je vocalise seulement. C'est plus tard que je commence à en chanter. Je me vois d'ailleurs en train de chanter. La grande dame a toujours persisté à croire en moi. Sa confiance en moi était inébranlable, même si le succès s'est fait attendre. C'est ça, c'est la confiance qu'elle m'a transmise qui m'a permis de croire en moi et, finalement, de réussir. C'est cette confiance qu'elle m'a donnée, que j'ai intégrée en moi.

Je suggère alors à Paul de bien se concentrer sur ce personnage du passé, de bien identifier les qualités de ce dernier et de bien s'imprégner de la confiance dans sa capacité de chanteur. Je l'invite à superposer l'image de ce personnage passé au personnage de sa vie actuelle. Quand il fait cet exercice, il ressent une émotion très forte et très agréable. Par la suite, je l'invite à faire quotidiennement cet exercice de visualisation, soit celle de superposer cette image de son personnage de la Grèce sur celle de son personnage actuel.

P : Cette semaine, j'ai été énormément occupé, bousculé par le travail. Dans un sens, cela a été très bien. Ensuite j'ai eu ma leçon de chant mercredi. Ah, cela n'a jamais été aussi bien que cela, je pense. Mon professeur de chant trouvait que c'était absolument…, presque inespéré.

Ah! oui, c'était vraiment spécial. Disons que depuis plusieurs leçons, cela va très bien. Mais, maintenant, ma performance atteint un niveau supérieur, sans effort. Alors, c'est toute la notion du *sans effort* qui s'applique, de l'effort qui disparaît, parce que, pour bien chanter, il ne faut pas faire d'effort. Et c'est très difficile parce qu'on a tendance à pousser, à faire des efforts, à utiliser des muscles dont on n'a strictement pas besoin. Tout ce qu'on doit dire à son esprit, c'est de faire fonctionner les cordes vocales. Finalement, c'est ta tête qui chante. C'est évident que ce sont tes cordes vocales qui chantent, mais ce n'est pas la première étape. Il faut que tu dises à ton esprit, « Donne telle note et ne force pas. »

Évidemment, tu n'arrives pas à un niveau de perfection du jour au lendemain. Mais tu sais, l'imagerie que j'ai apprise avec toi, de superposer mon image du maître de chant, que j'étais, à mon personnage actuel, ça, c'est ingénieux et le résultat est phénoménal! Pour moi, cela fonctionne et me donne cette espèce d'élan qui me permet de dépasser ma performance habituelle. Cette imagerie de mon personnage passé est très présente, et, par cette superposition, je retrouve alors l'absolue confiance qu'on avait fait naître en moi dans cette vie-là, d'où mon élan actuel. Je pense qu'avec mes seules capacités personnelles, à force de travailler, je parviendrais peut-être, mais très difficilement, à les développer à ce niveau. Tandis que de cette façon, avec l'imagerie, j'ai l'impression de faire un saut beaucoup plus léger, et ça vient tout seul. C'est un moyen qui m'apparaît supranaturel. En tout cas, pour moi, l'important, c'est que ça fonctionne.

Présentement, dans le cadre de mes cours de chant, je suis rendu à travailler un son dans l'aigu. Ce n'est pas un son qu'on utilise habituellement pour parler. C'est à un octave plus haut. Quand tu as de la difficulté à atteindre cette note, tu as tendance à pousser, à te contracter. Mais quand j'utilise mon imagerie en question, quand j'ai cette image en tête, je me dis que ce personnage (que j'ai baptisé Alexandre) n'a pas de problème. Alors, mentalement, je le repositionne vis-à-vis de son théâtre grec, et là je le vois en parfaite possession de ses moyens : il donne exactement les notes qu'il veut, facilement. Alors ça sort, je te le jure, ça marche, ça marche. Oui, ça marche.

Est-ce une chose inhabituelle, qui ne devrait pas arriver? Si je le fais maintenant, en réussissant de cette façon, c'est que les possibilités intérieures, je les avais. Lorsque j'arrive à un niveau de difficulté important, un niveau de difficulté qui ne peut être atteint par n'importe qui, je me dis : *Mais ce n'est pas moi qui chante, c'est Alexandre*. Et là, je fais la substitution. Ce n'est plus moi qui chante, c'est Alexandre. Et lorsque c'est lui qui chante, il n'y a pas de problème. J'y fais appel à volonté, très consciemment, on ne peut plus de façon consciente.

Remarquons jusqu'à quel point Paul décrit bien ce phénomène de transfert de cette qualité de sa vie passée à sa vie présente. Il a utilisé une imagerie particulière que je lui ai enseignée. Cette imagerie est là pour l'aider, mais elle n'en demeure pas moins qu'une aide pour un travail qui se fait au niveau de son esprit, son esprit qui reconnaît, comme il le dit si bien, cette qualité intrinsèque qu'il possédait en lui, depuis bien longtemps.

Le mécanisme utilisé par Paul pour revivifier son talent est un mécanisme universel, présent en tout être humain et ne demandant qu'à être utilisé. Les mécanismes du subconscient sont les mêmes pour tous. Chacun peut apprendre à s'en servir à son avantage, de la même façon que Paul le fait.

> *Deuxième partie de la deuxième rencontre :*
> *retour dans une vie passée dans laquelle*
> *Paul a développé une force de caractère inébranlable*

Paul continue à me parler de lui-même en insistant sur les moments difficiles de cette enfance où, à cause des interdits reçus, il a expérimenté beaucoup d'anxiété et de stress. En conséquence, il a conclu que, dans d'autres vies passées, il a dû, en contrepartie, accumuler des forces certaines qu'il aimerait retrouver pour s'y reconnecter aujourd'hui. À la suite de cet échange et à sa demande, je le guide dans une vie passée dans laquelle *il a développé une force de caractère inébranlable.*

P : Je vois des arches avec une voie sur le dessus, et, par-dessus ça, il y a une autre série d'arches avec d'autres voies là-dessus comme si ça faisait une croix. Qu'est-ce que c'est que ça? Est-ce que ça se peut que ce soient des voies romaines? Cela me fait penser à des voies romaines... Mais oui, c'est un embranchement de voies romaines ou d'aqueducs, et il y a des chevaux là-dessus. C'est ça, des chevaux, des chars, et il y a des conducteurs de chars; ça se promène. C'est curieux tout ça. Qu'est-ce qui se passe là? C'est la campagne, il y a des collines. C'est un épisode qui se passe dans la campagne. Les voies romaines, c'est en Europe. C'est dans une province romaine quelconque. Ce n'est pas un climat tropical. La végétation est comme ici, la latitude aussi. L'Italie? Oui, l'Italie, vers le nord, ou quelque chose comme ça. Oui.

T : Te souviens-tu à quelle époque?

P : Oh! la la. Il y a un chiffre qui vient de m'apparaître : trente. L'année trente, il y a eu une bataille célèbre à cet endroit. Trente avant Jésus-Christ. Il y a une bagarre. C'est un champ de bataille.

T : Est-ce que tu peux identifier ton personnage?

P : Non. Ce que je vois est un site. Il ne se passe rien, ça ne se bat pas. Mais je sais que c'est un champ de bataille. Il y a un officier, un officier romain. Eh! oui. Oui. Il y a un officier romain qui discute avec d'autres officiers. Il a des parchemins en main, des plans en tout cas. Holà... il y a de l'action. Mais, c'est moi qui discute avec... Qu'est ce que je fais? On me présente des papiers, des parchemins, des trucs... Là, je suis en train de régler un plan de bataille. Je suis en train d'organiser des..., c'est ça. Ah! je vois que j'ai une cuirasse. Les officiers supérieurs en portaient, tous les commandants de corps d'armée.

T : Est-ce que tu peux voir le reste de ton personnage, à part la cuirasse?

P : Une petite barbe. Je suis tout frisotté. Trente-cinq ans, quarante ans, même pas; pas très grand de taille, trapu, pas gros mais bien bâti et pas de ventre. Je suis plutôt athlétique. Je porte des sandales et je suis habillé d'une tunique courte, comme ils étaient habillés à l'époque.

T : Ton visage?

P : Les yeux noisette, vifs, pétillants, foncés; le nez assez prononcé; une barbe. Il parle vite, saccadé plutôt. Il est très vif de compréhension et très rapide de décision, de jugement et d'ordres. Il ordonne vite, ça marche vite. Il faut que ça marche vite. Très concentré, il a la tête extrêmement pleine de toutes sortes de choses et il intègre toutes les données de la bataille, l'adversaire, les forces. Oh la la!, ce qu'il travaille fort. Il me donne mal à la tête. Il prépare une bagarre terrible! Elle n'est pas encore commencée car les forces sont immobiles. Elles sont en rangs de bataille. Mais il organise, il planifie, il n'y a pas un soldat qui bouge. Ses officiers autour, eux, ont intérêt à se grouiller. Ils doivent circuler vite. Mais les porte-étendards qui doivent se placer, les estafettes et ces commandants de légions viennent prendre leurs ordres et savoir comment la chose doit se dérouler. Tous sont plus grands que lui. Mais c'est lui qui mène. Il n'a pas l'air à céder facilement, ce bonhomme-là. Et quand il décide, c'est sans discussion. Les autres obtempèrent sans dire mot, sans sourciller non plus. Rien n'est remis en question quand il parle. C'est lui qui décide. Décision, point, fini.

T : Aucun doute dans son esprit.

P : Absolument. L'ombre d'un doute ne l'a jamais effleuré. Ah non, c'est catégorique. C'est ça, ça va se faire comme ça; ça va marcher comme ça; ça va se réaliser comme ça. Et les autres, ça ne leur effleure même pas l'esprit de mettre en doute ce qu'il dit. Ils n'osent même pas, d'abord. Il y a un tourbillon autour de cet homme. Il y a une tente, je viens de voir la tente. Il y a une table. Il fait beau, il fait chaud. Il y a une tente, ça circule autour. Tout le monde vient chercher ses ordres, juste avant le début de la bataille. À présent, il faut défaire la table, les plans, etc, il faut que tout disparaisse. C'est urgent. Et c'est lui qui est responsable du commandement de l'armée. Point, c'est aussi simple que ça.

T : Tu décris un personnage très dominant.

P : Il est vraiment très dominant. On dirait qu'il prend sur ses épaules la responsabilité totale et entière de la planification, de l'organisation, de la disposition de tout. Évidemment ce n'est pas lui qui va exécuter ses ordres, qui va se battre, mais c'est lui qui décide comment la chose va se faire. Son ton est péremptoire. C'est épouvantable, mais c'est l'armée et ça marche au doigt et à l'oeil. Il a pris conseil de ses lieutenants. Il y a du monde autour. Une fois que chacun a exposé son point de vue, il décide et c'est fini. Cela ne veut pas dire qu'il n'écoute pas. Il a écouté très silencieusement tout ce que les autres lui ont dit et les renseignements que les gens lui apportaient. Non, il a écouté religieusement chacun d'eux. Et, une fois qu'il avait pris une décision, c'était sans appel, c'était ça. Et, on dirait que les autres s'y attendaient. Après quelques échanges de questions et de réponses : « Voilà ce qu'on fait », et c'était exécutoire. Les gens savent que c'est comme ça.

T : J'imagine qu'ils étaient entraînés ainsi dans l'armée.

P : Oui, mais ce sont des jeunes gens. On mourait jeune à l'époque. Certains vivaient jusqu'à quarante ans, mais pas beaucoup plus. Il est plus jeune que plusieurs de ses subordonnés. Mais les autres le respectent.

T : Aimerais-tu découvrir comment, dans ce personnage, tu étais aussi confiant en toi, ou comment tu as développé ces qualités de commandant? Comment se fait-il que, dans cette vie passée, tu aies développé cette qualité d'un caractère inébranlable?

P : Oui, j'aimerais cela.

T : Alors, je vais compter de un à trois. Au compte de trois, tu vas revenir en arrière dans le temps, à un moment qui va te permettre de comprendre comment il se fait que tu aies développé cette force de caractère inébranlable. Un, deux, trois…

P : Il y a une ville. Je vois le bonhomme. Il en a arraché. Il a eu de la misère. C'est un bagarreur de rue. C'est un *bum,* un voyou. C'est un dur, un petit dur, devenu gladiateur : il tue le monde dans l'arène. Un vrai dur. Il a commencé à faire ses classes dans les ruelles, parce que c'est un dur, et comme il voulait faire de l'argent, alors il est allé se battre dans l'arène comme gladiateur. Évidemment, c'était tellement un dur qu'il a survécu. Puis, je ne sais pas ce qui se passe à un moment donné, comment se fait-il qu'il soit allé dans l'armée? Parce que c'est un meneur d'hommes. C'est un dur, un dur intelligent qui a fait ses classes rapidement. Ses supérieurs avaient énormément confiance en lui, parce qu'il accomplissait ce qu'on lui demandait. Avec lui les choses se faisaient. Quand on lui donnait une mission, c'était accompli, et ses hommes, il savait les mener et les motiver. Il les entraînait par sa vitalité. Il était plus souple qu'auparavant, moins bandit, moins voyou. Il avait même acquis une stature d'officier tout à fait convenable, surtout avec son caractère de leader et de motivateur. Oui, c'est ça qui avait prédominé, pour en arriver à être un homme de confiance, pour régler les choses graves. Et ça prenait un dur pour la bataille en question, un dur de dur. Il avait été mandaté pour organiser, faire en sorte que les différents corps d'armée s'intègrent et fonctionnent pour en arriver à un but : gagner. Point. Il ne voulait pas se battre, lui, plus maintenant. Il était rendu à un niveau de commandement. C'était un général.

Pourtant... autre chose semblait le concerner; une sorte de participation politique. Il avait pourtant tout d'un commandant d'armée, l'attitude, le vocabulaire, etc., mais il y avait une connotation politique là-dessous. De fait, c'était un bonhomme devenu, pour les besoins de la cause, général. C'est un politique! Ah! c'est peut-être ça, sa prédominance sur les autres : c'est un stratège. Il a seulement revêtu une armure de général. Mais, son métier, c'est comme celui d'un légat. C'est le mot qui me vient, un légat, un bonhomme qu'on envoie pour régler un problème, et pour la circonstance, il sera général, c'est lui qui sera le général, même s'il n'est pas militaire. Oui, c'est ça, il y a une connotation politique. Je vois le personnage dans une salle de sénat. Il est sénateur, et c'est là que le sénat lui demande de s'occuper de l'armée, pour la bataille en question. Il avait auparavant fait carrière dans l'armée, puis en politique, pour devenir sénateur. Et là, on le renvoie dans l'armée pour cette bataille précise.

T : Aimerais-tu revenir en arrière pour découvrir comment il se fait qu'il soit devenu un dur comme ça?

P : Ses parents le maltraitaient. C'est un enfant maltraité, mal nourri, qui a été élevé avec le fouet. Oui, l'image qui vient est qu'il a été élevé avec des fouets, des verges, comme des roseaux. À six ou sept ans, il est jeté à la rue. Il faut qu'il se débrouille. C'est ça, pour en arriver à devenir un dur de rue. Mais ce n'est pas un dur. Il l'est devenu. À six ans, c'était un pauvre petit, un tendre, un très tendre. Il se durcit pour survivre. On le maltraite injustement. Il doit apprendre à survivre par lui-même. Il n'est pas gros, mais il est habile. Il est vif. Il est intelligent et futé. Il grandit. C'est parce qu'il est très habile qu'il a réussi à survivre, dans l'arène, en tout cas.

Il aurait pu mourir là, c'est incroyable. Il est excessivement agile. Il a les jambes d'une agilité incroyable. Il se déplace rapidement dans les rues, c'est comme ça qu'il survit. Il prend des coups, cependant. C'est une vie de misère. Ah! les restes de nourriture qu'il mange, cela n'a pas de sens. Maltraité. La première image que j'ai eue est celle de lui à six ou sept ans. Oui, il a dû se débrouiller mais ses capacités véritables ne résidaient pas en cela. Ça, c'était la survie. Oui, grâce à l'armée, il a pu acquérir une éducation. Au contact des gens, il a atteint un statut remarquable, assez en tout cas, pour être nommé au sénat qui reconnaissait ses qualités militaires et les victoires remportées.

T : Est-ce que tu aimerais retourner plus loin en arrière pour voir son plan de vie?

P : Oui, j'aimerais ça.

T : Alors, je vais compter de un à trois. Au compte de trois, retourne au moment de sa naissance, au moment où normalement tu devrais pouvoir te souvenir ce que tu avais choisi de venir apprendre dans cette vie passée. Un, deux, trois...

P : Ce qui me vient comme un *flash,* c'est qu'il était venu acquérir la rudesse. C'est curieux, n'est-ce pas... Ou l'endurcissement. Parce qu'il s'était dit : *Je suis assez brillant pour me tirer d'affaire. Et ce n'est pas grave même si je reçois peu d'instruction, je suis doué au départ, mais je dois dompter mon cœur trop tendre.* Et ses parents le mettent littéralement à la porte à six ou sept ans. Ils le mettent dehors.

T : Es-tu en train de me dire qu'avant de venir au monde, c'était déjà choisi de venir t'endurcir?

P : Il le savait. Il avait pour but de venir s'endurcir dans cette vie.

T : Y a-t-il autre chose que tu veux découvrir concernant ce plan de vie?

P : Oui. C'est un bonhomme qui était quand même très catégorique dans sa tête. Il savait ce à quoi il devrait faire face. Mais ça le dérangeait relativement peu, parce qu'il avait quelque chose à aller chercher. Et il était capable de faire fi des inconvénients pour atteindre son but. Et en dépit des épisodes malheureux, il était capable de planifier à très long terme. C'est un bonhomme qui disait : *Même si j'en bave durant vingt ans, ce n'est pas très grave car j'irai chercher quelque chose d'autre, après.* Évidemment, il en a bavé un coup aussi, mais il est allé chercher ce qu'il voulait.

Paul a donc pu revivre une vie passée où il s'est développé un caractère inébranlable dans un personnage qui a tout de même conservé son humanisme et son cœur tendre. De plus, il a découvert que cela faisait suite à un plan de vie qu'il s'était fixé auparavant, dans son évolution, d'une vie à l'autre. Maintenant qu'il a découvert cette force, il pourra la réactiver au besoin. D'ailleurs, dès la semaine suivant la rencontre, Paul saura utiliser cette force en lui pour s'affirmer devant un groupe de médecins, sans se laisser ni impressionner ni toucher par leurs récriminations.

> ## Troisième rencontre avec Paul : impact de ses retrouvailles avec Romulus

P : Disons tout d'abord qu'il y a eu des réunions à l'hôpital cette semaine et une atmosphère très dense régnait lors d'une présentation devant mes collègues. Ils n'étaient pas toujours d'accord. Mais mon Romulus (c'est mon personnage romain que j'ai baptisé ainsi) n'a pas bronché, je te le jure! Romulus est intervenu cette semaine. Il a écouté religieusement ce que les autres lui disaient et, après ça, il a dit : *Non.* (Paul rit.) C'était un non aussi déterminé qu'avant ma découverte de Romulus la semaine dernière, mais un non beaucoup moins émotif. Je ne me sentais pas perturbé par la prise de position contraire de mes collègues.

T : Tu ne t'es pas laissé inquiéter par la position contraire des autres.

P : Exactement. C'est-à-dire que tu as ta propre émotivité, mais ton être intérieur n'est pas perturbé, même si tu es en opposition avec tes collègues, même si les discussions ont été houleuses. Et c'est ça le très grand avantage d'avoir pu réactiver mon Romulus. C'est que l'émotivité ne tenait pas compte de collègues, de collègues très près.

T : Je remarque, chez la majorité de mes clients qui passent par le même processus, que leur leadership s'affermit dans leur entourage. C'est ça aussi qui semble se passer dans ta vie professionnelle actuellement. En tout cas, il me semble que cet aspect ressort.

P : Je peux dire que je suis beaucoup plus serein dans mon affirmation avec mes collègues. Je puise dans Romulus une certitude, une assurance calme.

T : Et cela peut se manifester dans ta gestuelle, dans le ton de ta voix, ce qui produit habituellement un impact dans ton entourage, avec ton groupe de médecins. J'imagine que ces gens doivent sentir ton assurance et qu'ils y réagissent?

P : Oui. Et à part ça, quand je sors d'une rencontre et je ne suis pas perturbé. Mon émotivité n'est pas touchée, comme si j'avais mis de l'eau sur une surface de cristal. Et ton point de vue a prévalu.

T : Très bien. Alors l'impact des retrouvailles avec celui que tu nommes Romulus se fait sentir dans ta vie actuelle. Revenons tout de même à ton désir premier d'améliorer la qualité de ton chant, donc au personnage d'Alexandre que tu fais revivre en toi, dont tu utilises le talent passé que tu as déjà développé et qui t'appartient. Il est probable que cela signifie que, dans ta vie actuelle, certains blocages plus ou moins inconscients t'empêchaient de réutiliser ce talent. Ces blocages ont aussi, possiblement, leur origine dans d'autres vies passées. Dans ce sens, il serait intéressant de retourner dans une vie passée dans laquelle tu t'es empêché de développer ce talent, afin que tu puisses le maîtriser pleinement en te libérant d'interdits ou de blocages latents qui sont encore actifs, à ton insu. Lors des deux dernières rencontres, tu es allé chercher deux vies à succès. Par contre, l'expérience me dit que, dans ce domaine, on a avantage à chercher les deux opposés. Dans ce sens, je te suggérerais de retourner dans une vie passée dans laquelle tu as eu un succès moindre dans l'harmonisation des sons.

Retour dans une vie passée dans laquelle Paul a eu un succès moindre dans l'harmonisation des sons

---

P : Je suis dans une clairière. Je suis un petit garçon, âgé d'environ cinq ou sept ans. Il y a des ménestrels, des troubadours. C'est au Moyen Âge. Il y a une roulotte de gitans, des chevaux... un cheval, une «picouille», mal attelée, mal foutue. La situation n'est pas rose : un monsieur, mon père, pas trop brillant, sale, dépenaillé, à la limite en tout cas; la mère, à peu près à l'avenant, un peu plus propre, mais pas très heureuse.

La misère, monsieur! Un petit campement dans une forêt, dans une clairière et c'est moi qui doit chanter sur la place publique pour nous gagner des sous. Oui, ils comptent sur moi pour rapporter quelques misérables pièces d'argent. Et, à ce moment-là, cela a l'air que je n'en ai pas rapporté suffisamment. À la limite, ils me maltraitent, ils veulent me fouetter. Le père semble être un alcoolique. C'est ça le problème, le père est un alcoolique. Et la mère est soumise. Et ils ne sont pas contents. Je n'ai pas assez bien chanté. Je n'ai pas rapporté assez de sous. Il n'y a pas grand chose à manger.

C'est en plein Moyen Âge, en l'an 1200, ou quelque chose comme ça, entre 1100 et 1200. Le Moyen Âge pauvre. On est toujours dans un campement dans une clairière. Tiens, je viens de voir une petite sœur, une petite fille de trois ou quatre ans. Nos parents ne sont pas contents parce que ma petite soeur elle aussi était censée faire quelque chose, comme les saltimbanques. Il semble qu'on n'ait pas attiré les foules et qu'on n'a touché ni le cœur ni la bourse des gens qui nous regardaient. Le père hurle, et la mère essaie de le tempérer un peu. Ah! ça ne va pas bien du tout, mais pas du tout. Ce sont des menaces, des tempêtes verbales, des coups de fouets, des coups de branchettes sur les jambes. J'essaie de me sauver, mais ce n'est pas facile. De surcroît, malgré ces mauvais traitements, ils pensent que je devrais attirer les foules, parce que je chante...

Ma soeur elle, c'est plutôt des acrobaties, de la contorsion qu'elle essaie de faire. Elle est mal entraînée, ça ne marche pas. Nos parents ne nous disent pas quoi faire ni comment; ils veulent qu'on le fasse, comme si c'était naturel. Ils nous en donnent l'ordre comme si tout était acquis, sans entraînement, sans guide, sans nourriture adéquate, sans nous laver, sans nous habiller convenablement.

C'est ça, on (les parents) attend, on espère, pire que ça, on impose des talents sans qu'il y ait de préparation adéquate. C'est ça le tableau. Alors on gueule, on tempête, on réprimande épouvantablement les enfants qui n'ont pas su rapporter des sous pour le couple en question. Cela se passe autour d'un petit feu où nous devrions manger quelque chose, mais il n'y a quasiment rien à manger... quelques petits morceaux de viande! Je vous jure que je suis maigre et la petite sœur, sale. Moi, je suis maigre, maigre, et j'essaie de ne pas pleurer, de ne pas hurler, mais ils me réprimandent tellement et me fouettent tant, que je ne peux pas m'empêcher de pleurer.

Comment voulez vous chanter convenablement dans des circonstances comme ça? Surtout avec les menaces qui sont épouvantables. Menaces d'abandon... *si tu ne chantes pas, on va te laisser au milieu de la forêt.* Oui, c'est l'abandon. *Si tu ne chantes pas mieux, on va te laisser aux bêtes sauvages de la forêt* (parce qu'il y en avait à l'époque).

Ma perception, à l'époque, est celle où je me voyais déchiré par les bêtes, ou mourir de faim. Dans la forêt, c'était la menace d'abandon si je ne faisais pas mieux que ça, si les gens ne me donnaient pas plus pour mes performances. Et ma petite sœur était dans le même bain. Elle ne riait pas du tout, je vous le jure. Oui, c'était le tableau.

Cela crée une tension chez moi, je la ressens, là, maintenant. Je la sens dans ma tête, dans ma nuque, c'est une tension terrible, même si je vois bien que ce n'est qu'un souvenir. La remémoration me crée une angoisse, pas intellectuelle, mais une angoisse physique et j'ai actuellement vraiment mal à la tête, ça descend, en passant derrière la tête, jusque dans les muscles de la nuque, dans le cou; juste le fait de me remémorer cet épisode... Quelle angoisse j'ai dû vivre! Quelle angoisse terrible cet enfant a-t-il vécu à cause des attentes irréalistes d'un père alcoolique, brutal et ivrogne; d'une mère faible, qui n'était pas du tout capable de s'opposer au père, incapable de donner quelque confiance que ce soit; deux parents inadéquats, lui par sa brutalité, elle par son absence de caractère!

Je suis davantage en mesure d'apprécier maintenant ce qui se passait à l'époque, mais bon Dieu que la vie était dure! Tiens, on est rendu sur les tréteaux. C'est pas mieux. C'est un village de misère. Il y a une «picouille», rien qu'on puisse faire avec ce vieux cheval. Et il faut qu'on essaie d'attirer les gens pour qu'ils donnent des pièces d'argent avec ça? Évidemment, les gens ne donnent rien, ou presque; une pièce par-ci, une pièce par-là, par pitié. Un enfant tout sale et un ivrogne à côté... qui n'est pas capable d'aligner des sons convenables. Il a tellement peur. Oh! ce qu'il a peur cet enfant, ce qu'il est craintif.

Cet enfant est terrorisé. Il a vraiment mal à la tête. Il est pétrifié par la figure paternelle immonde. Il sait qu'elle est répugnante et il est incapable de contrecarrer ce père parce qu'il est trop petit. Sale, la figure sale, les cheveux sales, les mains sales. Non, non, on ne fait pas une carrière comme ça. Il voit le père à moitié saoul qui le surveille et il voit l'œil qui le regarde : s'il ne rapporte pas d'argent, il va se faire encore battre. En présageant ça, il chante mal. Et plus il chante mal, plus le père le regarde, et plus il chante mal.

Le cercle vicieux parfait! Et le petit est de plus en plus terrorisé et il chante de plus en plus mal. Alors les gens, après une scène ou deux, abandonnent et s'en vont... par pitié. Le petit a atteint le paroxysme de la terreur, et les coups ne pleuvent même pas encore, mais l'orage gronde... Il éclate! C'est le fouet, les coups. Alors le cercle vicieux de la terreur et de la violence continue : crainte, terreur, violence, crainte, terreur, violence. Coups, faim, saleté. Et voilà, c'est pas gai, monsieur!

T : Qu'est-ce que tu retires de ce souvenir par rapport à ta vie d'aujourd'hui?

P : J'ai peur de faillir, oui. La crainte de faillir, de me tromper ou de ne pas performer, oui. Oui! oui! et je t'avais dit que dans ma vie actuelle il y a environ trente ans, j'avais vécu un épisode, où je devais chanter en public et j'avais ressenti à ce moment-là très fortement la peur de ne pas pouvoir performer, la crainte des coups ou des... oui, cette même crainte, cette même tension. Et le fait de ne pas être à la hauteur des attentes de quelqu'un, dans cette vie-là, c'était mon père qui me les imposait, brutalement et j'en ai retiré cette hantise de ne pas pouvoir performer adéquatement dans ma vie actuelle.

T : Autre chose?

P : J'en retire aussi que souvent on est laissé à soi-même. Face à cette situation le pauvre petit gars devait puiser dans ses maigres ressources pour essayer de survivre. Il devait puiser dans ses maigres ressources mentales. Pendant que tout ça arrivait, il essayait d'afficher une force de caractère qui lui permettait de supporter ces agressions physiques, mentales et morales. Néanmoins, c'est sa propre force mentale qui lui a permis de survivre à cette situation infernale. Le petit gars avait tout de même une grande force morale, qui ne pouvait pas se manifester parce que submergée, par un concours de circonstances absolument atroces.

T : Si on se posait la question suivante maintenant, pourquoi avais-tu choisi de vivre cette vie?

P : Pourquoi je l'ai choisie?

T : Dans ton plan de vie, tu avais choisi de naître de ces parents, en sachant très bien que tu aurais à faire face à ce genre de difficultés. Pour quelle raison? Qu'es-tu venu apprendre dans cette vie passée?

P : Je pense que je suis venu y apprendre la débrouillardise ou la faculté de retrouver en moi les forces nécessaires pour surmonter les adversités les plus immondes.

T : Tu as été écrasé dans cette vie par ton père. Il était impossible dans de telles circonstances de donner la mesure de ton talent de chanteur.

P : Ah! non, impossible de maîtriser ma voix, de développer la moindre qualité de chant. Impossible. Il y avait autre chose à aller chercher parce qu'il n'y avait aucun moyen de faire quoi que ce soit d'autre.

T : Alors, qu'est-ce que tu as appris au niveau de ton évolution dans cette vie passée? Et pourquoi as-tu choisi ce plan de vie?

P : Il y a la petite fille qui n'est pas étrangère à ma venue. Cela fait plusieurs fois que je parle de la petite fille, ma petite sœur d'alors. Il y a en moi un sentiment de soutien, de responsabilité envers cette enfant parce qu'elle est encore plus démunie que moi. J'ai alors accepté pour elle de vivre une vie d'enfer comme enfant.

T : Pire que dans ta vie d'enfance à Rome?

P : Oui. Le petit gars romain, comparé à ça, s'en est drôlement bien tiré.

T : Alors ton petit gars du Moyen Âge s'en sort de quelle façon? Aimerais-tu avancer dans le temps, un peu, pour voir ce qui se passe?

P : Oui, il faudrait avancer dans le temps. Là, il a six ans, sept ans.

T : Je vais t'aider à le faire. Au compte de trois : un, deux, trois...

P : ... Adolescent... , il est quand même devenu assez gros cet enfant... il aboutit... à dix-huit, dis-neuf ans, dans un château. Il a eu la chance d'être remarqué par une personne de la noblesse, et de fil en aiguille est devenu chanteur dans ce château..., il chante, il compose, il s'instruit; bien habillé, impeccablement habillé, oh! quels beaux atours! Il devient un des favoris du seigneur, du comte ou du duc, peu importe. Il compose et chante, pour la cour. Et quelle cour! C'est que ce n'est pas un château pour douze personnes. Y'en a beaucoup plus. Oui, il devient un compositeur, un chanteur renommé, recherché, reconnu.

T : Comment se sent-il alors? Il est tout de même parti de loin. Il était extrêmement stressé.

P : Oui, mais à l'adolescence il a réussi à se dégager de ses parents. C'est alors qu'en pratiquant son métier de chanteur, il a été remarqué par quelqu'un qui a perçu ses possibilités, qui l'a pris sous son aile, comme on dit, et qui a favorisé son développement.

T : Est-ce que durant le reste de sa vie il a conservé sa tendance à avoir des maux de tête?

P : Non, parce qu'il était à l'aise avec les gens qui l'ont encouragé à se développer. Non, il avait perdu ça. Je le vois qui joue de la lyre, extrêmement détendu, devant une grande audience.

T : Il semble que tu aies vécu deux étapes de cette même vie, l'une à la suite de l'autre, deux étapes totalement différentes. Est-ce que cette crainte qui t'a été communiquée dans la première étape a été oubliée? L'as-tu intégrée à ton bagage d'expériences, tout simplement, sans qu'elle ne t'affecte plus dans la deuxième partie de cette vie? As-tu pu la mettre complètement de côté dans cette deuxième partie de vie?

P : Non, ça n'a pas été intégré.

T : Alors, si cette crainte n'a pas été intégrée, est-ce que tu en conserves en toi comme une séquelle quelconque? Par exemple, as-tu conservé en toi, de cette expérience, des pensées négatives telles : « Je ne suis pas bon », « Je ne suis pas capable », ou quelque chose du genre?

P : Oui. La réponse est oui.

T : De quelle façon?

P : Le fait est que je ne suis peut-être pas aussi capable que je voudrais l'être, ou que je m'attends de l'être. C'est comme si j'avais conservé un doute à l'égard de mon potentiel.

T : Très bien. Alors il semble qu'on ait fait le travail qu'on voulait faire en rapport à cette vie passée. Y a-t-il autre chose que tu voudrais aller y chercher?

P : Non. D'autant plus que c'est dur. Mais, je suis allé chercher beaucoup, beaucoup la prise de conscience de cette fichue crainte de ne pas pouvoir performer à la hauteur de ce qu'on attend de moi. Et en deuxième lieu, c'est que je sais que je suis capable de faire même au delà de ce qu'on attend de moi. Cela j'en ai la certitude et la capacité, mais j'ai de la difficulté à cause de ce doute négatif qui entraîne une hypo-performance, alors que les possibilités réelles sont bien au delà de l'attente.

T : Je perçois que depuis cette vie passée tu as laissé ce doute et cette crainte s'installer en toi à la suite du manque total d'encouragement de ces parents tout à fait inadéquats à t'apporter le soutien nécessaire au développement de ton talent. Maintenant que tu prends conscience, d'une part, de ce doute et de cette peur et, d'autre part, de leur origine, tu es capable de les laisser en arrière et ne plus les laisser t'influencer.

Chapitre 5

Nos malheurs sont-ils vraiment des malheurs?

Nous venons de faire connaissance avec certains des personnages que Paul a déjà incarnés et de prendre conscience de certaines des dimensions que Paul a déjà chevauchées. Son personnage de la Grèce antique, Alexandre, a été, semble-t-il, un personnage heureux. Dans cette vie-là, il a choisi de se développer dans le sillon d'une personne qui maîtrise le chant et la musique. Il a réussi à développer ces qualités dans un encadrement de soutien et d'encouragement avec une personne qui lui transmit une grande confiance en ses talents.

Plus tard, au Moyen Âge, Paul se retrouve dans un scénario différent. Dans cette nouvelle situation, il a choisi encore comme thème de vie de développer ses qualités de chanteur. Néanmoins, il a choisi de le faire dans un contexte complètement opposé. Il est poussé à chanter. Il est même obligé de chanter pour gagner le pain familial. Il y est même forcé sans aucune préparation. Bien plus, son père alcoolique le rend responsable, en tant que jeune enfant, d'assurer la survie financière de la famille. Et si Paul ne réussit pas, il est accablé d'injures et il est battu. Le stress est épouvantable. L'épanouissement de son talent de chanteur pourrait se faire dans de meilleures conditions, il va sans dire. Malgré tout, Paul finit par réussir à la fois à devenir un chanteur reconnu et à se libérer de sa famille. Cependant, s'il réussit dans le chant plus tard, dans cette vie passée, il conservera un doute ou une peur des conséquences d'un échec.

Aujourd'hui, dans sa vie actuelle, il s'implique dans le chant. Âgé d'environ cinquante ans, il s'agit pour lui d'une deuxième carrière. Néanmoins, il possède le talent et la ténacité pour réussir. Quand il vient me voir, il redécouvre son talent passé dans son personnage d'Alexandre et il réussit à se «reconnecter» à ce talent. Il prend aussi conscience de son doute en lui-même dans ce personnage du Moyen Âge, et cette prise de conscience lui permet de réussir à s'en libérer. Il peut maintenant s'épanouir dans le chant, ayant choisi lui-même de développer ce talent. Il le fait, d'une part, sans le soutien inébranlable d'une «mère» encourageante et, d'autre part, sans l'obligation brutale et traumatisante d'un père inadéquat.

Cette histoire fait ressortir deux dimensions fascinantes. La première est celle de la continuité de l'évolution de Paul d'une vie à l'autre, même s'il a vécu d'autres vies entre les trois vies racontées. Son histoire nous a fait passer de l'Antiquité au Moyen Âge, puis à la fin du XXe siècle. Il est clair que Paul, au niveau de son âme, a choisi de développer ses qualités de chanteur. Dans les trois vies présentées, nous devenons témoin de son évolution dans ce que j'appelle le créneau d'évolution choisi. De quelle façon réussira-t-il dans sa vie actuelle? Choisira-t-il d'autres vies sub-séquentes pour aller plus loin dans ce domaine? Lui seul le saura peut-être un jour...

Cela n'exclut aucunement que Paul ait choisi d'autres voies d'évolution. En effet, il a déjà choisi la voie militaire à Rome, dans son rôle de Romulus. Dans sa vie actuelle, il est médecin. Il a donc aussi choisi de développer ses possibilités dans le domaine de la guérison. Mes observations, avec de multiples retours dans des vies passées, illustrent ce phénomène. Chaque individu, au fil de ses nombreuses vies, se développe et se perfectionne dans de nombreux domaines et de nombreuses façons. Chacun avance continuellement. Chacun a son rythme et sa façon, selon ses propres inspirations, qui guident ses choix de thèmes de vie.

Cela nous amène à la deuxième dimension vers laquelle nous conduit l'enseignement à retirer de cette histoire. Observons les différents degrés de difficultés de l'histoire de Paul. Elles sont tellement en opposition, qu'elles paraissent caricaturales. C'est ce contraste qui, devenant en soi une évidence, m'a fait choisir l'exemple de Paul. Dans sa vie en Grèce, il a choisi une vie bien encadrée et propice à développer son talent. Au Moyen Âge, il a choisi une vie où il devait non seulement développer son talent mais aussi la confiance en ce dernier en dépit d'un stress énorme et lui-même dépourvu de toute préparation adéquate et d'encouragement. Lors de sa régression dans cette vie passée, Paul m'a mentionné à plusieurs reprises jusqu'à quel point ses conditions de vie étaient pénibles. Il a donc dû développer son talent et la confiance en ce talent malgré de très grandes difficultés.

En d'autres mots, après cette réussite en Grèce, il a choisi lui-même, avant sa naissance au Moyen Âge, un degré de grandes difficultés pour découvrir et puiser au fond de lui-même les ressources nécessaires en vue d'une autonomie. On peut dire que ces difficultés lui ont été utiles pour s'aiguillonner et puiser en lui-même des ressources jusqu'alors insoupçonnées afin d'apprendre à se faire confiance totalement. C'est une constante qui revient fréquemment chez mes clients lors de régressions dans plusieurs vies passées. Il existe parfois, dans un domaine bien particulier, un choix de développement que fait l'individu. Fréquemment, j'observe une alternance entre des vies passées à succès sur un thème bien précis et des vies passées avec des difficultés particulières par rapport au même thème. Le succès et l'épreuve apparaissent nécessaires pour grandir, l'épreuve étant là pour nous forcer à nous surpasser.

Une difficulté qui empêche l'individu de tirer profit de ses malheurs provient du fait qu'il est habituellement incapable de prendre suffisamment de recul pour évaluer ses expériences dans la perspective de l'échelonnement de plusieurs vies. En conséquence, plusieurs ont tendance à se voir victimes et restent stationnaires dans leur douleur, s'empêchant alors d'aller de l'avant. Remarquons, dans le seul contexte de notre vie actuelle, jusqu'à quel point nous grandissons quand nous nous permettons d'utiliser un malheur à titre de tremplin pour nous aiguillonner et trouver en nous des ressources jusqu'alors insoupçonnées.

Mon métier de travailleur social m'a amené à voir beaucoup d'histoires tristes, pénibles et parfois dramatiques. Il ne faut pas exclure la sympathie ou l'empathie que nous pouvons ressentir pour des gens dans le malheur. Néanmoins, quand nous considérons la vie dans la perspective de choix de thèmes de vie, en vue de notre propre évolution, nos réflexions peuvent nous faire prendre une direction bien souvent différente.

Voici une anecdote sur une jeune femme que je rencontrais dernièrement lors d'une réunion sur le thème de la réincarnation. Après la réunion, elle commence à me raconter un malheur qui lui est arrivé. Elle avait reçu un blâme sévère de son conseil d'administration pour avoir mal géré les fonds de son organisation. Pourtant, elle avait été honnête à tous points de vue. C'était la deuxième fois dans sa vie qu'elle vivait une situation similaire. Et elle m'exprime sa peine et son désarroi, sans pouvoir dépasser par elle-même ce stade de réflexion; elle se sent encore écrasée par cette humiliation. À un moment donné, je lui demande ce qu'elle a retiré de cette expérience quant à son évolution personnelle. Je sens qu'elle saisit le sens de ma question, de ma réflexion. Elle relève la tête, ses épaules se redressent. Elle comprend. Elle commence à découvrir qu'elle a une leçon à tirer de cette expérience. Elle réalise que cette difficulté la pousse à se surpasser pour aller puiser en elle-même des ressources insoupçonnées. Elle doit apprendre à se servir de cette difficulté et aller de l'avant dans son évolution. En d'autres mots, cette réflexion faite dans cette nouvelle perspective l'inspire maintenant et devient, pour elle, une nouvelle source d'énergie.

Cette anecdote peut paraître anodine. Je peux cependant vous dire que pour cette dame, à ce moment-là, l'impact en fut tout autrement. L'évolution de chacun se fait, habituellement, dans l'alternance de succès et de petites misères qui sont le lot des humains. Les grands malheurs sont plus rares.

Examinons la dimension de l'avantage qu'offrent nos petites misères à la lumière d'un grand malheur. Choisissons un grand malheur : celui d'être aveugle. Voilà un thème valable. Je connais moi-même deux aveugles, deux ex-collègues, et je me suis toujours demandé (il y a de cela plusieurs années) comment ils pouvaient tolérer leur vie. L'un est aveugle de naissance, l'autre l'est devenu progressivement à partir de l'adolescence.

Aussi, en souvenir de l'amitié qui me lie à ces deux ex-collègues, je dédie ce chapitre-ci aux personnes handicapées, particulièrement, les aveugles. Certains lecteurs seront sceptiques quant aux perspectives présentées dans ce livre, mais, pour beaucoup, elles représenteront une lumière et une nouvelle vision d'eux-mêmes qui pourront transformer positivement leur vie.

L'histoire suivante se situe lors d'une régression dans une vie passée. Ma cliente est une travailleuse sociale dans la cinquantaine. Nous l'appellerons Marise pour la circonstance. Je connais cette personne depuis plusieurs années et je la considère comme une grande amie. Elle vient me consulter pour régler certains problèmes qu'il n'est pas important de relater ici. Elle a confiance en moi et elle a déjà fait, avec succès, plusieurs retours dans des vies passées. Tout va très bien sur le plan de la thérapie.

Or, ce jour-là, je la sens affolée dès son entrée en régression. Avec un ton de voix angoissé, elle me dit : *Je ne vois rien, je ne vois rien.* Au début, je ne comprends pas ce qui se passe et je lui recommande de garder son calme en lui disant qu'il arrive parfois que les gens ne voient pas toujours quelque chose dès le début de la régression; il s'agit de patienter pour que les images finissent par apparaître. Et, tout en parlant, je me dis que je ne m'adresse pourtant pas à une débutante et qu'il se passe une chose inusitée. Mais, elle me donne immédiatement la réplique : *Non, ce n'est pas cela Pierre, je suis aveugle dans cette vie passée.*

Dans le métier que je fais, celui de guider les gens dans des retours dans des vies passées, j'ai eu à m'habituer à m'attendre à l'inattendu. Pourtant, dans ce cas-ci, pendant un court instant, je suis surpris. C'est vraiment inattendu. Néanmoins, je retrouve rapidement mon réflexe de thérapeute en répétant à Marise de se rappeler qu'elle n'est en contact qu'avec des souvenirs d'une vie passée et qu'elle n'a pas à s'inquiéter.

Aveugle dans une vie passée

Il est parfois fascinant d'observer la sagesse dans la façon de travailler du subconscient. Il me semble qu'à chaque fois que nous lui donnons une commande, il trouve toujours ce qui m'apparait être le souvenir le plus utile pour nous. Dans le cas de Marise nous avions jugé qu'elle avait besoin de retrouver une vie dans laquelle elle *avait appris à lâcher prise, à se faire confiance et à se fier à ses propres inspirations.* Et voilà que Marise se retrouve dans une vie d'aveugle! De prime abord, il n'est pas évident qu'elle peut retirer quelque chose de cette vie passée. Néanmoins, elle fera des liens particulièrement intéressants avec sa vie actuelle.

Elle se retrouve au Moyen Âge, en France, dans la ville de Nîmes. Elle n'est pas aveugle de naissance. Elle l'est devenue dans sa tendre enfance. Voici certains des souvenirs qu'elle me raconte. Elle se retrouve donc au Moyen Âge, à une époque où l'aide aux aveugles était à peu près nulle et où les gens étaient souvent dominés par la peur et l'ignorance.

M : J'entends les bruits. J'ai tout à apprendre; à marcher, à me déplacer, à donner plus d'importance aux bruits, à mes perceptions du bruit, au mouvement, à l'air, aux odeurs. Avant de devenir aveugle, je n'avais pas développé tout ça. Je n'avais pas appris à décoder, à dépasser la perception du son. Auparavant, le son n'était pas relié avec les autres sensations : les émotions, le toucher, les formes, les dimensions, les proportions... Je me servais de ma vue pour me mettre en relation avec toutes ces sensations. Je ne peux plus le faire avec elle maintenant. Cela n'est plus possible. Je dois continuer sans ça. C'est pas possible avec les yeux... je suis aveugle... et cela fait maintenant tellement longtemps que je ne me souviens plus de ce que j'ai vu...

J'ai la rage d'apprendre, d'en savoir autant sinon plus que tous les autres parce que je peux percevoir des choses qui leur échappent. Cependant, personne ne peut me dire comment apprendre ni par où commencer. Les autres aveugles ont abandonné et végètent. Pas moi. Je n'ai pas le temps de végéter. Je peux écouter avec mes oreilles tous les sons : la voix, les paroles, les bruits de la maison. Particulièrement, quand les gens parlent j'écoute les intonations, ce qu'ils ne disent pas, les choses dont ils ne parlent jamais (les plus importantes). J'écoute de façon très active. Je veux décoder et apprendre quelque chose. J'apprends le plaisir d'écouter. J'écoute les sons différents selon les saisons. J'écoute le vent avec ou sans arbres. Il y a beaucoup de richesse à retirer de l'écoute. Dans le ton de la voix, les gens se trahissent souvent. Tous sont surpris de mes connaissances. Les gens ne peuvent pas comprendre que je puisse apprendre sans voir. Je me sers aussi du toucher, mais c'est plus compliqué, les gens ont eu peur, pas les animaux.

Plus tard, je rencontre d'autres aveugles. On échange et on s'amuse, mais c'est passager. Encore plus tard, je travaille avec des enfants aveugles-nés. Ils n'ont jamais rien vu, mais ils savent par instinct et ils m'ont aidée. Je suis capable de leur enseigner et ils sont capables de m'enseigner. Pendant que moi j'avais écouté avec mes yeux, eux savaient déjà écouter avec leur corps. Ils sentaient les choses, ils sentaient les gens, ils sentaient les situations. Ils voulaient tout de suite sortir de la pièce quand la présence de quelqu'un ne leur était pas bénéfique. Ils savaient tout de suite si les gens étaient sincères, si ces derniers les aimaient ou non.

J'ai eu un contact extraordinaire avec les animaux. Il y avait un chien énorme et malin qui devenait très doux avec ces enfants. Les gens ne comprenaient pas comment je réussissais moi aussi à amadouer ce chien et ils avaient peur de moi. J'ai appris à utiliser les chiens avec ces enfants, car ces animaux savaient que les enfants étaient aveugles et les protégeaient. Les yeux des chiens devenaient presque les yeux des enfants; les gens le disaient et je savais que c'était possible aussi. Je passe pour folle de vouloir utiliser les animaux avec des enfants aveugles. Je suis à une époque où l'on brûlait les chats parce qu'on les croyait possédés du diable. Si je n'avais pas été aveugle, j'aurais été taxée de sorcière à utiliser des chiens pour aider des enfants aveugles. Pour les gens ce n'est pas normal. Ils ne comprennent pas.

Dans cette vie passée, j'ai appris à écouter, à m'écouter, à faire à ma tête mais aussi à avoir peur de ceux qui avaient peur de moi. Mais ce fut une belle vie. En dépit des apparences, il y a eu beaucoup beaucoup de joie et de plaisir.

Voilà donc quelques bribes des souvenirs de Marise dans cette vie passée d'aveugle dans laquelle elle apprend à utiliser des chiens pour venir en aide aux aveugles. Son «œuvre» d'utiliser des chiens s'est-elle poursuivie dans cette vie passée? J'ai posé la question à Marise. La réponse a été : « Non, la démarche était trop avant-gardiste pour la population de cette époque.» Mais qui sait, son initiative est peut-être devenue une inspiration pour l'un de ces enfants aveugles qui s'est servi de cette expérience passée pour la mettre en application lors de sa réincarnation dans notre ère moderne...

Quoi qu'il en soit, la vraie question est de savoir de quelle façon cette vie d'aveugle peut avoir un impact positif dans la vie actuelle de Marise. Je le lui ai demandé, dans un but thérapeutique il va de soi, mais aussi pour satisfaire ma curiosité. Tentons de le découvrir, ou de le deviner. Quels sont les liens, entre la vie passée de Marise en tant qu'aveugle et sa vie actuelle en tant que travailleuse sociale? Cette *vie de malheur* lui a-t-elle été profitable? Si oui, de quelle façon cette vie passée d'aveugle lui a-t-elle permis d'évoluer dans sa vie actuelle?

Quand je lui pose la question à la toute fin de la séance, plusieurs éléments ressortent : *Le lien principal que je fais avec ma vie actuelle est que, dans cette vie d'aveugle, j'ai développé une très grande capacité d'écoute que j'utilise maintenant comme travailleuse sociale avec mes clients.*

En d'autres mots, elle avait choisi une vie dans laquelle, en tant qu'aveugle, elle s'était placée dans un contexte et dans des conditions telles qu'elle devait développer sa capacité d'écoute. Cette capacité et cette qualité d'écoute, elle peut les utiliser dans sa vie présente pour continuer son évolution en aidant les autres comme travailleuse sociale. Comme je la connais personnellement, je peux vous dire qu'elle le fait de façon exceptionnelle.

La réponse de Marise dans sa simplicité met en lumière deux dimensions particulières du cheminement humain dans ses différentes incarnations. La première dimension qu'il faut considérer se rattache au titre de ce chapitre : Nos malheurs sont-ils vraiment des malheurs? Évidemment cela n'exclut pas la compassion que nous pouvons avoir pour des gens dans le malheur. Néanmoins, à la suite de ce récit, quand il est possible de regarder en rétrospective, toute la richesse de cette vie passée de Marise et de ses suites dans sa vie actuelle, on peut considérer ses *malheurs* d'une façon différente.

Les épreuves qui nous accablent parfois, quand nous les considérons avec du recul, nous permettent d'en tirer profit. Nous avons donc avantage à nous poser les questions suivantes : Pourquoi choisissons-nous tel défi? Quelles sont les ressources que ce défi nous pousse à aller chercher en nous-mêmes? Quelles sont les qualités à développer en composant avec ce défi? De quelle façon ce défi nous amène-t-il à nous surpasser?

Ne risquons point de perpétuer ce même défi. Il serait en effet logique de penser que si cette décision a été prise au niveau de l'âme, cette dernière continuera à nous relancer dans cette direction tant que nous n'aurons pas relevé le défi en question.

La deuxième dimension que fait ressortir la simplicité de la réponse de Marise consiste en une question que me posent souvent mes clients. Combien de vies devons-nous vivre? Il est évidemment impossible d'y répondre. Cependant, la question elle-même met aussi en évidence la difficulté des gens à se libérer du concept d'une vie unique auquel la culture occidentale les a conditionnés.

L'histoire de Marise suggère un élément de réponse quant au nombre de fois où il faut s'incarner. Remarquons le temps dont Marise a eu besoin pour développer une petite qualité bien précise, la capacité d'écoute. Toute une vie! Et cela n'est pas fini. Le développement de cette qualité ne représente qu'un élément dans le métier de travailleuse sociale qu'elle a choisi dans la vie présente. En somme, cette vie passée ne représente probablement qu'une bien petite facette de son évolution.

L'histoire de Paul fait aussi ressortir le même phénomène. Il a développé son talent de chanteur en l'échelonnant sur plusieurs vies. On peut facilement supposer qu'il a fait de même pour ses carrières de militaire et de médecin. Il en va de même pour les innombrables histoires de vies passées dont j'ai entendu le récit. J'ai l'impression qu'une seule vie ne représente qu'une toute petite étape, une bien petite étape dans notre évolution; que le temps et le nombre de vies utilisés pour évoluer sont considérables. Peut-être ne faut-il pas mésestimer la notion d'éternité à laquelle le concept de l'âme est rattachée.

Il se peut que nous ayons tous avantage à nous resituer par rapport à cette impatience et à ce besoin d'aller toujours de plus en plus vite, caractéristique de notre siècle. Ces récits semblent mettre en évidence l'importance de bien vivre le moment présent en prenant notre temps. C'est de cette façon que nous évoluerons plus rapidement. C'est là un des liens que Marise a tissé entre sa vie passée et sa vie actuelle.

Chapitre 6

Le subconscient :

catalyseur de changement

À cette étape, il serait bon de faire une pause pour concentrer notre attention sur le rôle du subconscient dans le contexte unique de la vie actuelle. Nous nous attarderons à l'impact des programmations enregistrées durant l'enfance. Nous verrons quelle méthode thérapeutique peut agir sur la programmation du subconscient afin de libérer certaines prédéterminations nocives.

Dans les chapitres suivants, il sera plus facile de comprendre comment un traumatisme issu d'une vie passée peut se retrouver encore bien actif dans cette vie-ci. Quand on saisit bien comment opère le mécanisme de guérison dans l'élimination de symptômes tels, l'angoisse, la douleur, les phobies, l'insomnie ou autres, on est moins surpris de la rapidité de la guérison de ces symptômes par le recours à des vies passées.

Voici Marcel et Marie, que j'ai traités il y a environ quinze ans. Tous deux sont jusqu'à ce jour, guéris de leurs symptômes environ quinze ans après leurs angoisses. Ces deux cas me permettent d'illustrer deux façons différentes de fonctionner du subconscient. Dans le premier cas, le subconscient a été programmé par une émotion extrêmement vive à la suite d'un choc émotif lorsque l'individu était âgé de cinq ans. Dans le second cas, le subconscient de la personne a été conditionné par la répétition de messages nuisibles reçus des parents, répétition échelonnée sur plusieurs années de l'enfance. Dans les deux cas de Marcel et Marie, nous constaterons que leur perception de la réalité a été distordue et faussée, ce qui fut un très mauvais départ dans la vie.

| Programmation du subconscient à la suite d'un traumatisme |

Marcel, un mécanicien de trente-cinq ans, est un homme doux, plutôt timide, marié et heureux en ménage. Il travaille dans une petite industrie en banlieue de Montréal. Sauf sa timidité évidente, tout va relativement bien dans sa vie et personne, hormis sa femme, n'est au courant de son problème d'angoisse particulier sitôt le soir venu. Ses difficultés peuvent se résumer ainsi : chaque soir, il ressent des angoisses qui se manifestent par des sueurs abondantes, des tremblements de mains, des palpitations et des sensations d'étouffement. Il en souffre depuis si longtemps qu'il croit les traîner depuis le début de sa vie. Pendant des années, il a été suivi par un médecin qui lui prescrit des médicaments qui ne font qu'atténuer les symptômes.

C'est dans un centre de réadaptation pour alcooliques que je l'ai rencontré. Il s'y retrouvait en cure de désintoxication car la consommation de l'alcool lui permettait d'atténuer ses symptômes. Mais son problème de consommation d'alcool ne m'inquiétait pas outre mesure. J'en avais vu de beaucoup plus graves. Quand il me parla de problèmes persistants de tremblements des mains, j'ai cru au départ qu'il s'agissait d'un sevrage non terminé. Cependant, une semaine plus tard les tremblements persistaient toujours. J'ai commencé à le questionner plus attentivement sur ces symptômes. Par la suite, je lui ai présenté mon hypothèse, à savoir que ces symptômes étaient le résultat, dans son subconscient, d'une perception de la noirceur, représentant un danger quelconque, perception dont il avait oublié l'origine et sur laquelle, alors, il n'avait aucune prise.

Il accepte ma proposition d'utiliser l'hypnothérapie comme méthode d'accès à sa mémoire subconsciente. Au cours du traitement, en état moyen de transe, un état où il demeure conscient, il retrouve le souvenir suivant : à l'âge de cinq ans, le soir, il s'est trouvé dans un horrible accident d'automobile qui l'ébranla beaucoup. Il eut extrêmement peur et dans sa petite tête, il associa la noirceur au danger de mourir. Il aurait pu se libérer de cette peur associée à la noirceur s'il avait été en mesure d'en parler avec ses parents, de donner libre cours à cette émotion, de pleurer et de se faire consoler. Mais ses parents, eux-mêmes sans doute très secoués par l'accident, ne trouvèrent rien de mieux pour l'aider que de lui dire de cesser de se plaindre et d'aller se coucher.

C'est, évidemment, ce que fit en silence le petit Marcel. Toujours sous l'effet du choc émotif, il se mit à trembler dans son lit en repensant à cet accident. Il revécut la scène, envahi par les émotions, dans une complète noirceur, abandonné à lui-même. Personne n'était apte à l'aider à dissocier l'idée de noirceur d'un danger de mourir, que le réel danger vécu au moment de l'accident était passé dans le temps et n'avait plus à être associé à la noirceur. Alors, le lendemain soir, encore sous l'effet du choc, il recommença à trembler en repensant de nouveau à l'accident et au danger de mourir dans une situation de noirceur. Et toujours personne à qui en parle...

Avec le temps, il oublia graduellement l'événement en question. Néanmoins, son subconscient, sous l'effet de cette forte émotion, continua à associer peur et danger de mourir avec la noirceur. Pendant trente ans, inlassablement et automatiquement, le subconscient ainsi programmé continua à lui rappeler que le soir était un moment dangereux.

En état de *transe* moyenne (état équivalent à un état de détente où le sujet est à la fois conscient et son subconscient particulièrement réceptif), Marcel retrouva dans sa mémoire l'origine de cette peur et les émotions associées. Il lui fut alors possible de regarder cet événement en face et d'en parler. Et, comme on le fait dans la vie courante avec des amis ou des proches lors d'un événement traumatisant, il lui fut possible d'exprimer sa peur, de prendre du recul par rapport à cet événement, de l'objectiver et de corriger sa perception de la réalité-noirceur. Résultat : les symptômes de sudation, de tremblements des mains et d'étouffements cessèrent complètement, le jour même.

On peut donc conclure que Marcel s'est libéré de la charge émotionnelle associée à la noirceur et qu'il a objectivé sa perception de la noirceur. Dès que Marcel, en état de relaxation profonde, a fait cette prise de conscience, il a automatiquement fait la distinction entre la perception qu'a son conscient de la réalité de celle qu'a son subconscient de cette même réalité. En revivant émotivement, au présent, les souvenirs émotifs du passé, s'est opérée instantanément la *dissociation* traumatique. Techniquement parlant, le conscient et le subconscient ont alors fait front commun pour composer avec la réalité. Ils se sont harmonisés dans leur perception de la réalité-noirceur et aussitôt, les symptômes ont disparu.

Le subconscient fonctionne de la même façon pour chacun, le principe de l'impact d'un traumatisme est le même. Il est possible de communiquer avec le subconscient de chacun de la même manière, et il est possible de corriger des associations irrationnelles pour obtenir une guérison comparable à celle de Marcel. C'est tellement simple et facile, quand on en comprend les principes.

Marcel écrira, deux ans plus tard, dans une lettre qu'il m'adresse pour me confirmer sa guérison :

Samedi, le 29 août, 1981

Salut Pierre,

J'ai décidé de t'écrire au sujet de mes sensations d'étouffement. Eh bien, tu sais, je n'éprouve plus ces sensations depuis que tu m'as mis en état d'hypnose, quand tu m'as fait reculer dans le temps où je me suis retrouvé à l'âge de 6 ou 7 ans lors de cet accident, et que tu t'es mis à me dire : « N'aie pas peur, mon petit Marcel, je suis avec toi. » Ce fut assez fort pour déclencher un mécanisme chez moi. J'ai senti une délivrance, un soulagement, une compréhension, mon cœur se déchargea finalement d'un poids, au point d'en avoir des palpitations. Depuis ce temps-là, je n'ai plus ces sensations d'étouffement. Quand j'ai peur, je pense souvent au mot confiance.

Mon cher Pierre, si tu permets, je vais te conter un peu ce que je fais pour m'en sortir. J'ai décidé d'avoir confiance en moi et d'être plus positif... (Marcel continue en me racontant différents changements dans sa vie qu'il n'est pas nécessaire d'énumérer ici.)

Marcel P.

Commentaire personnel

Ce n'est pas tous les jours qu'un ancien client se donne la peine de me faire parvenir par lettre un témoignage du genre. Par ce geste, il faisait preuve d'une courtoisie exquise à mon égard. Et cela m'a touché. Je me suis senti apprécié. J'ai lu sa lettre un peu comme un vieux professeur à la retraite qui se délecte de marques de gratitude d'anciens élèves qui ont réussi dans la vie, grâce aux leçons apprises de lui. Un sentiment bien particulier émergea à ce moment : celui que la vie mérite d'être vécue.

Programmation du subconscient par la répétition d'affirmations

Si le subconscient d'un individu peut être programmé par un choc émotif ou un traumatisme quelconque, il peut l'être aussi par la répétition de messages. Cela est plus facile si cette répétition est faite durant la petite enfance, période où l'individu tend à absorber comme une éponge, valeurs et croyances que lui inculque son entourage.

Marie, une psychologue âgée de quarante-deux ans, a fait appel à mes services. Elle souffrait d'affreuses migraines depuis des années. Souvent ces migraines duraient plusieurs jours et, parfois, la douleur était tellement intense que Marie pouvait à peine fonctionner.

Avant de venir me voir, elle avait tenté de se libérer de ces migraines par tous les moyens possibles. Deux ans auparavant, elle avait consulté des spécialistes en neurologie et en psychiatrie. Elle avait collaboré avec eux pour subir tous les tests exigés. Et finalement, elle en était ressortie gratifiée d'un diagnostic de migraineuse et s'était fait prescrire des médicaments qui réussissaient à peine à diminuer son mal. Les spécialistes en la matière croyaient que son mal était d'origine physiologique.

Marie connaissait mes méthodes de traitement et elle était ouverte à mon hypothèse de travail : ses migraines pouvaient trouver leur origine et leur cause dans sa programmation d'enfance. En hypnothérapie, en état de transe moyenne comme dans le cas de Marcel, Marie remonta graduellement dans le temps, jusqu'à l'âge de douze ans. Elle prit conscience du conditionnement reçu de ses parents. Ceux-ci, depuis sa tendre enfance, lui avaient répété au fil des ans, probablement des milliers de fois, qu'une petite fille n'a pas le droit de penser à elle et n'a pas le droit de se mettre en colère. On peut alors comprendre que Marie avait cru ses parents et, qu'à son insu, elle avait assimilé cette croyance et s'était conditionnée à se nier le droit de penser à elle et à se refuser l'expression de sa colère.

Par la suite, au fil des ans, elle avait oublié ces interdits au niveau de son conscient, mais son subconscient les a gardés bien consignés, pendant trente ans. Cette programmation était profondément établie. On peut émettre l'hypothèse suivante : chaque fois que Marie ressentait de la colère, un mécanisme se déclenchait, bloquant cette énergie de la colère et la détournant sous forme de migraine.

En état de transe moyenne, ou de relaxation, Marie retrouva ce souvenir dans sa mémoire subconsciente. Comme dans le cas de Marcel, il lui fut possible de regarder en face les interdits de ses parents et d'y réfléchir consciemment. Elle a consenti à sa peine et à sa douleur d'avoir été traitée de cette façon. Avec mon aide, elle a pu rejeter ces fausses valeurs inculquées dans son enfance et cesser de s'en accommoder. Elle fut alors capable de se recentrer sur ses vrais besoins; penser à elle-même et se redonner la permission d'exprimer sa colère, comme chacun a besoin de le faire, occasionnellement, quand il ressent de la frustration.

Les migraines de Marie cessèrent. Dix ans plus tard, quand je croise Marie au hasard d'une activité sociale, elle est toute heureuse de me raconter que, durant ces dix dernières années, elle n'avait souffert de migraine qu'à une ou deux occasions. Son subconscient avait été déprogrammé de ces interdits et Marie pouvait maintenant jouir de la vie sans se voir bloquée régulièrement par des souffrances inutiles.

Il est toujours agréable de faire la rencontre sociale inattendue d'un ancien client, surtout dans un *party,* comme ce fut le cas avec Marie. L'atmosphère de la rencontre est nécessairement plus détendue, plus légère, plus à la joie. On ne ressent plus cette contrainte du temps ni celle d'un objectif à atteindre dans le contexte d'une entrevue. Je ne perçois plus l'individu comme un client, avec sa douleur, et je n'ai pas à me responsabiliser envers ce dernier, en me cantonnant dans mon rôle de thérapeute. Il est vrai que j'aime bien rire et plaisanter en entrevue, mais on peut facilement imaginer que l'heure n'est pas toujours à la détente.

Alors là, dans un *party,* cela devient presque un cadeau. Tous les deux (le client et moi), nous pouvons plaisanter sans retenue. Tous les deux, nous possédons une relation particulièrement riche d'une expérience bien spéciale. Et pourtant, il est dans notre pouvoir de l'oublier pour nous permettre de rire et de nous amuser. Surtout, nous pouvons passer à autre chose et, comme le dit l'expression, «sortir notre fou». C'est ce que j'appelle un autre bénéfice marginal à la fonction de thérapeute.

Chapitre 7

L'utilité du retour
dans une vie passée traumatique

Élément déclencheur :
symptômes psychologiques et physiques

En cours de thérapie, il devient clair que les symptômes présentés ont leur origine dans une vie passée. Techniquement parlant, si le thérapeute passe en revue l'histoire générale du client, et qu'il y trouve une histoire familiale très saine, il peut émettre l'hypothèse que l'origine du symptôme présenté se trouve dans une vie passée. Si, de plus, il vérifie au niveau du subconscient et que rien n'indique une source traumatique dans l'enfance ou à la naissance, son hypothèse en est renforcée. Néanmoins il arrive aussi que l'incohérence des symptômes présentés, associés à la réalité en cause, devienne en soi une évidence.

Il existe normalement un élément déclencheur de l'apparition d'un problème ou d'une difficulté dont l'origine se situe dans une vie passée. Marise, une femme de quarante ans, avait déjà fait quelques retours dans des vies antérieures. Sa demande d'aide était liée à des angoisses assez précises. En cours de thérapie, elle relate un petit fait curieux survenu la semaine précédente. Elle se trouvait chez elle, dans sa cuisine et par la fenêtre regardait travailler son mari sur un tracteur. Au moment où il ne fut plus à portée de sa vue, elle se mit à ressentir un état de panique hors de l'ordinaire. Nous avons donc ici une incohérence flagrante entre un état émotif de panique et un événement banal.

Voici le traumatisme que Marise a retracé lorsque j'ai suggéré à son subconscient de retrouver une vie passée dans laquelle se trouve l'origine de cette panique. Elle s'est rappelé et a revécu l'événement suivant : elle était seule dans sa maison, elle regardait par la fenêtre et, tout à coup, elle a réalisé que la maison était en feu; elle a en vain tenté d'appeler au secours et elle est morte seule dans ce feu. Avant de mourir, elle a vécu toute la panique et la peur que l'on peut imaginer dans une telle situation. Elle est donc morte en conservant dans sa mémoire subconsciente le souvenir de cet événement traumatique.

On voit donc que dans la vie présente, le subconscient, en associant la situation de solitude dans sa maison, au moment où le mari semble disparaître, a fait remonter à la surface la mémoire de cet événement traumatique. Il faut réaliser aussi que, par l'apparition de cet état de panique, le subconscient de Marise l'a obligée à prendre le moyen de se libérer de cet état de panique intérieure qui ne demandait qu'à être éliminée. Il est facile d'établir la comparaison entre ces deux exemples de Marise et de Marcel (chapitre 6). Dans les deux cas le mécanisme est le même : les deux personnes avaient besoin de devenir conscientes de leur traumatisme respectif pour s'en libérer et l'éliminer de leur système, l'origine de l'un des traumatisme se situant dans l'enfance (Marcel) et celle de l'autre, dans une vie passée (Marise).

Voici un autre exemple d'incohérence flagrante entre une situation tout à fait anodine et un état de panique, état pour lequel la personne m'a consulté. Il s'agit de Mireille, une jolie femme de trente-cinq ans, qui élève seule son fils adoptif, âgé de sept ans. Son gagne-pain, l'artisanat, ne lui procure qu'un faible revenu. À cause de ses moyens financiers limités, elle doit absolument utiliser l'autobus pour se déplacer dans la ville. Son problème est le suivant : quand elle monte à bord d'un autobus, aussitôt qu'elle regarde les gens autour d'elle, elle a l'impression que ceux-ci l'examinent, ce qui provoque en elle un tel degré de panique qu'elle en devient folle de terreur et doit absolument quitter l'autobus immédiatement.

Il s'agit ici d'une situation apparemment anodine : prendre l'autobus. Rien ne justifie un tel affolement. Rien dans son enfance n'explique une telle frayeur. Mireille accepte de faire un retour dans une vie passée associée à cet état de terreur. Elle se retrouve dans le personnage d'un marin qui fait naufrage sur une île. Inconscient, il est ramassé par des habitants de l'île qui le croient mort. Ceux-ci lui creusent une fosse dans laquelle ils le déposent sur le dos. Avant de l'enterrer, ils invitent tous les autres gens du village à venir le voir afin de tenter de l'identifier. C'est à ce moment que le marin reprend vaguement connaissance, un peu comme dans un demi-rêve, ne comprenant pas ce qui se passe. Il entrevoit tous ces gens autour de lui qui le regardent en hochant la tête, incapable de bouger à cause d'une fracture du cou et d'un état semi-coma-teux et de grande faiblesse,. Et il est enterré vivant sans que personne ne se rende compte qu'il est revenu à la vie. Encore une fois, dans cet exemple, on peut imaginer la terreur de ce matelot, enterré vivant, sans pouvoir réagir ou se faire entendre.

C'est exactement ce que le subconscient de Mireille lui faisait revivre au niveau émotionnel chaque fois qu'elle se trouvait dans un autobus et voyait ou imaginait que les gens autour d'elle l'examinaient. Par association, son subconscient faisait remonter ce sou-venir à la surface. Les gens dans l'autobus étaient associés aux gens du village assemblés autour de la fosse. D'où le sentiment de terreur incompréhensible qui la forçait à quitter l'autobus de façon prématurée. Il est intéressant de noter que, dès la semaine qui a suivi cette régression, Mireille a pu prendre régulièrement l'autobus.

On peut donc dire que son subconscient avait alors pu reléguer aux oubliettes cette expérience trau-matisante. Elle pouvait, désormais, se reconcentrer sur la vie présente, en toute tranquillité. L'élément déclen-cheur était désamorcé. Prendre l'autobus était rede-venue une chose banale.

À la suite de plusieurs retours dans des vies passées de mes clients, je peux dire que les décès traumatiques semblent facilement produire un impact émotionnel dans une vie subséquente. Parfois, cet impact se fait sentir au niveau physique. Voici l'invrai-semblable, mais réelle histoire de Françoise. Techni-cienne de laboratoire, âgée de trente-cinq ans, elle avait fait appel à mes services pour des problèmes d'anxiété. Parmi l'énumération des symptômes présentés, elle me signalait qu'elle avait mal au cou depuis six mois environ. Or, son anxiété avait soudainement augmenté, soit six mois plus tôt, lors de l'incarcération de son mari. Cette incarcération fut ressentie par Françoise, au niveau affectif, comme un abandon de la part de son mari et devint l'élément déclencheur de l'apparition des symptômes mentionnés.

Dans une vie passée, Françoise se retrouve dans une pénible scène de ménage, dehors près d'une falaise. Son mari d'alors, le même mari que dans sa vie présente, lui fait une crise de jalousie terrible. Lors de cette querelle, elle tombe de la falaise et se casse le cou. Son mari, dans sa rage, ne va pas l'aider. Il l'abandonne là. Elle meurt seule, quelques jours plus tard, sans que personne ne vienne à son aide.

Dans sa vie actuelle, on voit que la perte de son mari, incarcéré pour quelques mois, la place dans un état de solitude pour faire face à la vie. Le départ de son mari, vécu par elle comme un abandon, constitue l'élément déclencheur de toute cette anxiété. La réminiscence des conditions de ce décès, aida Françoise à éliminer un certain degré d'anxiété. C'est alors que le mal de cou disparut totalement. On peut simplement émettre l'hypothèse que le mal de cou était associé, dans sa mémoire, à cet événement traumatisant et que, dès la prise de conscience de son origine, le subconscient désactiva cette douleur, tout simplement.

Je pourrais vous parler aussi de Patrick qui avait une peur inouïe de traverser les ponts. Il a appris, lors d'un retour à une vie passée, qu'il était mort en tombant d'un pont. Il perdit alors sa peur de franchir les ponts.

Il existe aussi des événements qui, pendant plusieurs années d'une vie passée, marquent une personne au début ou au milieu de cette vie passée. Si ce traumatisme n'a pu trouver sa résolution durant cette vie passée, il reste imprégné par delà la mort. Cette meurtrissure psychologique reste donc latente dans le subconscient, jusque dans la vie présente, laquelle fera sentir à nouveau l'impact, appelant une résolution du traumatisme. Il s'agit du même principe qu'un décès traumatique, sauf que le traumatisme a eu lieu bien avant le décès.

Voici deux exemples, l'un présentant un impact affectif l'autre, un impact physique. Le premier exemple est celui de Louise. Celle-ci est une secrétaire de direction, compétente, jolie, vive d'intelligence, âgée de trente huit-ans. Elle est mère de deux adolescents et vient de se séparer de son mari. Parmi les difficultés énumérées, elle mentionne son grand malaise à conduire une automobile (élément déclencheur). Sur l'autoroute, elle est incapable de dépasser les autres automobiles. Elle se sent obligée de les suivre lentement, à son grand désarroi, particulièrement quand elle est pressée par le temps.

Or, dans une vie passée, Louise se retrouve en pays arabe dans un personnage de jeune femme qui tente de se sauver, à dos de chameau, d'une meute d'hommes qui la pourchassent. Elle est rattrapée et violée par ces hommes. Toute personne violée se sent humiliée, ridiculisée et traitée comme un déchet : elle est sérieusement blessée dans son estime de soi. Comme dans cette vie passée, Louise vit dans une société où il est défendu de parler de ses émotions. Toute sa vie durant, elle restera marquée par ce traumatisme. Quand elle mourra quelques années plus tard, le *stigma* émotif sera toujours présent en elle et la poursuivra jusque dans sa vie présente; son subconscient en a conservé toute la charge émotionnelle. On peut dire qu'elle est décédée en conservant en elle l'image d'un être ignoble, abject.

Sur l'autoroute, le subconscient de Louise associait la conduite en voiture à sa fuite à dos de chameau. C'était l'élément déclencheur. Depuis cette prise de conscience, Louise est capable de dépasser les autres autos sur l'autoroute et elle ne s'en gêne pas. (Je soupçonne même que, maintenant, elle pourrait se classer facilement parmi les conducteurs dangereux.)

Voici maintenant l'exemple d'un symptôme physique : un problème de vision dans la vie actuelle, associé à un problème de vision au début d'une vie passée. Encore une fois, de la réminiscence de l'origine de ce symptôme a résulté la surprenante disparition du problème dans la vie présente. Le sujet cette fois-ci, Renée, est une professionnelle de la santé, attentive à considérer tout problème de santé sous l'angle physique ou neurologique.

En cours de thérapie, elle aborde la question de son problème de vision. Selon la description qu'elle m'en fait, Renée expérimente depuis plusieurs mois une fluctuation du champ de vision de l'œil droit. Depuis deux semaines le même phénomène se fait sentir dans son œil gauche. Son champ de vision fluctue constamment et cette variation est telle que son ophtalmologiste ne peut l'expliquer qu'en émettant l'hypothèse que Renée est perturbée par de fortes émotions.

Avec mon aide, Renée retourne dans une vie passée afin de connaître l'origine de ce problème. Elle se retrouve dans le personnage d'une petite fille de sept ans qui souffre d'un problème de la vue, conséquence d'un accident à l'œil droit dont elle avait été victime deux ans plus tôt. Cet accident avait généré chez elle un important malaise : ne pouvant toujours comprendre ce qui lui arrivait, à cause des limites de sa vision, toutes les difficultés prenaient de gigantesques proportions. Dans sa vie actuelle, Renée vivait une situation familiale très difficile. Elle ne maîtrisait pas la situation (élément déclencheur), ce qui lui causait des sentiments de grande insécurité. Son subconscient faisait remonter à la surface cette difficulté physique de la vue.

Voici le résultat dû à cette régression sur la qualité de sa vision. Quelques jours plus tard, elle écrivait les notes suivantes :

Les trois jours suivant ma thérapie : même situation par rapport à ma vision embrouillée, avec fluctuations au cours d'une même journée; aussi diminution de ma vue lorsque survient angoisse ou émotion forte durant un certain temps. Je deviens impatiente car, depuis trois ou quatre ans, ma vue est instable. Je suis las de changer de verres tous les 6 mois, même moins parfois. Je retourne faire un examen de la vue et on me découvre un début de presbytie. C'est difficile à accepter à mon âge. Il y a aussi de l'astigmatisme à l'œil gauche qui augmente. Après ces trois jours, comme par magie, ma vue redevient claire et elle est ainsi depuis. Deux semaines plus tard, je retourne faire un examen de la vue, et voilà que tout est stable. Bonne nouvelle depuis deux mois.

Quelques mois plus tard Renée constate que la qualité de sa vue se maintient. On peut donc supposer que le traumatisme a trouvé sa résolution : l'élément déclencheur est désamorcé pour de bon.

Phénomène de «pré-sensation»

Si nous comprenons le phénomène de l'élément déclencheur, il nous sera facile de comprendre celui que j'appelle la «pré-sensation» ou signe avant-coureur. Les deux phénomènes se recoupent. Le terme de pré-sensation s'applique ici dans le contexte de l'entrevue thérapeutique. Cette sensation a lieu lors d'une situation, en général plutôt amusante, qui permet souvent d'observer le sens de l'humour du client et de rire avec ce dernier. Cette situation se présente quand le client pressent ce qui va surgir de la vie passée qu'il se prépare à retrouver. Cette forme de prémonition survient habituellement au moment où le client se prépare à une régression, par exemple, en s'installant sur le divan. La manifestation peut se faire sentir de façon physique ou psychologique. Évidemment, il est toujours plus étonnant de la voir se traduire physiquement.

Robert, un ingénieur de 32 ans, vient me voir à mon bureau durant la saison froide. La pièce dans laquelle a lieu l'entrevue est chauffée normalement. Au moment où il s'installe sur le divan pour une régression, il dit qu'il a froid et me demande de le recouvrir d'une couverture, ce que je fais. À la suite d'une courte pause, il exprime de nouveau son besoin d'avoir une autre couverture sur lui, besoin que je m'empresse de satisfaire encore. Une autre pause... Il me réclame

131

maintenant de placer son manteau d'hiver sur lui. Je le fais, mais tous deux nous nous regardons en souriant en nous disant qu'il se passe quelque chose. Voici ce qui s'est produit : durant la régression, Robert allait se retrouver dans le personnage d'une petite Inuite prisonnière d'une tempête de neige. Il avait pressenti cela et son subconscient avait pris de l'avance sur la régression en lui faisant éprouver les sensations de froid auxquelles il était sur le point de se reconnecter dans cette vie passée.

Après coup, cette anecdote des couvertures a alimenté beaucoup de rires entre Robert et moi. Tous deux nous avons ri de sa réaction qui était drôle de fait, mais qui, en même temps, faisait ressortir la qualité de perception assez exceptionnelle chez cet individu. Il faut dire que la plupart des gens possèdent cette qualité, mais à un degré moindre.

Il est intéressant de réfléchir un peu sur ce phénomène qui se manifeste autant en rapport avec des vies passées heureuses qu'avec des vies passées traumatiques. Si le subconscient provoque chez un individu de tels pressentiments, perçus sur les plans psychologique et physique, il est permis de conclure que nos vies passées sont beaucoup plus près de notre vie présente qu'on ne pourrait le croire. En fait, je crois que nos vies passées sont, probablement, plus actives, plus présentes et plus influentes dans notre vie présente que nous ne le soupçonnons.

Cela serait normal. La personnalité d'un individu est la somme de toutes ses expériences passées. Ces expériences dans des vies antérieures se sont accumulées dans le subconscient de chacun. Et la personnalité de chacun est ainsi le reflet de l'apprentissage que chacun fait, au fil de ses nombreuses vies.

Phénomène de «post-sensation»

Robert se retrouve dans son personnage de petite Inuite, prise dans une tempête de neige, hors de l'igloo familial. Cela illustre un traumatisme survenu au début d'une vie passée puisque la petite Inuite a vécu de nombreuses années par la suite. Toutefois, elle avait été témoin, à ce moment-là, du meurtre de sa mère par un père ivre. C'est pour cette raison que la petite Inuite était hors de l'igloo, affolée, fuyant l'horreur du drame.

Cet exemple me permet d'illustrer un autre phénomène, celui que j'appelle la «post-sensation». À la suite de cette régression, Robert a senti l'odeur du poisson cru (odeur de la nourriture quotidienne dans cette vie) pendant une semaine environ, mais de façon décroissante. C'est comme si le traumatisme s'était estompé graduellement et que cette élimination pouvait prendre jusqu'à une semaine. J'observe fréquemment ce phénomène de la post-sensation décroissante à l'intérieur d'une période d'une semaine, période à la suite de laquelle la personne est habituellement libérée de l'effet du traumatisme passé.

Je me souviens, entre autres choses, de Sylvain qui a mangé sans arrêt comme un affamé pendant la semaine suivant une régression dans une vie passée où il était mort de faim. Voici ses propres commentaires : [...] *sauf que les réactions que j'ai eues en fin de semaine, c'est que j'avais très faim. Je bouffais tout ce que je n'avais pas l'habitude de bouffer : bonbons, boissons gazeuses, etc.. Tout y a passé en fin de semaine. C'est incroyable. Je mangeais et je mangeais et je mangeais...*

Techniques d'accès aux vies passées

Il existe plusieurs méthodes d'accès pour retrouver une vie passée. Je vous parlerai des trois que je connais le mieux. La première consiste à placer le sujet en état d'hypnose. C'est la méthode utilisée par les auteurs tels que Edith Fiore et Helen Wambach. Son avantage réside dans sa rapidité à aider un sujet à retrouver une vie passée. Néanmoins, c'est une méthode que je tends de moins en moins à utiliser à cause de certains désavantages qu'elle présente. En effet, plusieurs personnes ont peur de l'hypnose parce qu'elles craignent de perdre la maîtrise d'elles-mêmes et d'être à la merci d'une autre personne. Cela tend à les inhiber. D'autres, au contraire, y voient une solution magique à tous leurs problèmes, ce qui n'est pas vrai, et cela tend à les déresponsabiliser. Et enfin, l'utilisation de l'hypnose présente toujours le risque que le sujet atteigne un état d'hypnose tellement profond qu'il perde sa capacité de prendre ses propres décisions lors de la régression.

La deuxième méthode d'accès à une vie passée peut se faire «à froid», c'est-à-dire à l'état conscient. Il s'agit des méthodes de Netherton et d'Ingrid Vallières. Cette méthode consiste à aider le sujet, en premier lieu, à prendre conscience de ses symptômes puis, de l'amener à identifier les incohérences de ces croyances-symptômes et des éléments déclencheurs de ces mêmes symptômes, pour en arriver à associer librement les images correspondantes qui lui viennent à l'esprit. Ces images, selon Netherton, sont des souvenirs de vies passées d'où viennent les symptômes comme tels. Même si cette méthode peut surprendre par sa simplicité, nous pouvons en comprendre la faisabilité à partir de la sensibilisation au concept de l'élément déclencheur et au phénomène de pré-sensation tels que décrits précédemment dans ce chapitre. Son avantage principal réside dans le fait qu'elle conscientise davantage le sujet aux liens entre sa vie actuelle et ses vies passées. Ce n'est pas une technique que j'utilise parce que je la trouve trop lente à mon goût, et donc trop onéreuse pour le client. Je crois comprendre que les thérapeutes formés à la méthode Netherton favorisent des rencontres d'une durée variant de deux à trois heures chacune.

Je préfère employer la troisième méthode : amener le sujet à l'état alpha, par une relaxation, pour ensuite le guider dans une vie passée. C'est la méthode dont se servent la majorité des thérapeutes des vies passées. La méthode de relaxation présente le même avantage de rapidité que l'hypnose, tout en conservant intact le libre arbitre du sujet, le responsabilisant entièrement à l'égard de sa propre évolution. Si on compare cette méthode de relaxation à celle de Netherton, elle est plus rapide, puisqu'en général une rencontre d'une heure suffit et, à mon avis, l'impact de guérison est le même.

Le retour dans une vie passée traumatique

Comme pour le retour dans une vie passée heureuse, le retour dans une vie passée traumatique se fait au moyen des cinq sens, principalement avec la vue et le toucher. Certains clients y parviennent très facilement tandis que d'autres ont besoin d'être guidés par des questions, facilitant l'identification de leur personnage, des objets ou personnes qui les entourent, des émotions et des pensées qui les habitent. Certaines personnes tendent à entrer dans une vie passée d'abord sur le plan kinesthésique, d'autres sur le plan visuel. Habituellement, le sujet arrivera de lui-même spontanément et graduellement à la jonction du visuel et de la perception kinesthésique. Parfois, d'autres sens interviendront et enrichiront le souvenir retrouvé, comme l'ouïe et l'odorat. Le sens du goût survient plus rarement.

Lors d'un retour dans une vie passée traumatique, il y a avantage pour le sujet à retracer les événements précédant le traumatisme qu'il découvre, ce qui lui permet de mieux comprendre l'impact du traumatisme comme tel et de se resituer lui-même par rapport à celui-ci. Quand il peut identifier la croyance et l'émotion associées au traumatisme et qu'il peut les situer dans leur contexte, il lui est alors plus facile de comprendre ce qui lui est arrivé, de s'en détacher et de s'en libérer. Il incombe donc au thérapeute de le guider vers les moments précédant le traumatisme. Ajoutons cependant qu'il est aussi très utile pour le sujet de découvrir l'impact du traumatisme dans la poursuite de l'exploration de cette vie passée.

En fin de régression, je trouve toujours important de demander au sujet d'identifier les liens qu'il fait entre le traumatisme retracé et sa vie présente. C'est la question clef. Habituellement, le client y répond assez facilement. Si cela n'est pas le cas, je deviens alors plus actif en lui demandant s'il fait des liens entre certains éléments précis du traumatisme et certains éléments de sa vie présente. Il arrive que mon assistance soit requise pour établir ces liens. Alors, je me montre encore plus dynamique en lui faisant part de ma perception des liens à faire entre ses deux vies. J'agis comme je le ferais pour quelqu'un qui me parlerait des traumatismes retracés dans son enfance et de leur influence sur le reste de sa vie présente. Le client et moi réfléchissons activement sur les éléments présentés, mais c'est toujours lui qui décide de la validité des liens. Je partage avec lui mes impressions uniquement sous l'angle de mes perceptions, à partir de ce qu'il m'a lui-même présenté. Et cela est important, parce que lui seul peut être le juge de ce qu'il a vécu et de ce qui se passe à l'intérieur de lui-même.

Quand cette étape est terminée, il est temps de passer à la suivante. J'invite donc mon client, à l'aide de mes techniques de visualisation habituelles, à quitter cette vie passée, puis je mets fin à l'état de relaxation en l'invitant à se resituer dans le moment présent, à se reconcentrer sur sa vie actuelle.

Deux étapes de relaxation

Il existe plusieurs méthodes de relaxation. L'imagerie mentale est celle que je préfère. La raison en est fort simple. En utilisant cette approche, le sujet est entraîné, en même temps, à retrouver dans sa mémoire, sa propre richesse d'expérience sensorielle de la vie présente. Et cela favorise chez lui, par la suite, une meilleure qualité de régression dans une vie antérieure puisque, là encore, l'apport de ses cinq sens est important pour revivre le souvenir retrouvé.

Voici donc un exemple d'imagerie mentale où le visuel peut être allié au sensoriel, à l'auditif, à l'olfactif et même au gustatif. Remarquons que dans cette relaxation-imagerie-mentale intitulée, *La Campagne*, la sensation de détente ou le sentiment de bien-être sont constamment associés à l'expérience sensorielle. Cela survient, en partie, parce que les images présentées sont normalement associées à un état de bien-être. Mais cette technique est aussi utilisée pour apprendre à l'individu à retrouver ces impressions de détente ressenties dans l'expérience de vie qu'il retrouve et revit. Le but est habituellement atteint facilement; la personne accède à un état de détente suffisant et est prête pour la régression (voir annexe 1 : Visualisation : *La campagne*).

Rapidement, l'individu apprend à associer spontanément l'état de détente à l'imagerie mentale. Après quelques séances, il ne sera donc plus nécessaire d'exploiter cette association. C'est alors que je me permets d'enrichir la visualisation en y glissant des réflexions permettant au client de mieux comprendre le sens de son évolution d'une vie à l'autre. Voici donc un exemple de ce type de visualisation-réflexion. Celle-ci, intitulée *Doux moment,* a toujours été hautement appréciée par la clientèle (voir annexe 2 : Visualisation : *Doux moment*).

La séance de retour dans une vie passée traumatique :
un cas d'insomnie

Il s'agit d'une femme, conductrice d'un véhicule public, tel un autobus ou un train de métro. Son travail comporte donc une responsabilité quant à la sécurité publique : il lui est important d'être en bonne forme physique et mentale pour accomplir sa tâche. Lisette souffrait d'insomnie depuis sa tendre enfance. Son insomnie avait empiré au point où elle avait l'impression de ne plus pouvoir dormir plus d'une heure par nuit, ce qui avait de sérieuses répercussions sur la qualité de la conduite de son véhicule. Non seulement avait-elle peur de causer un accident, mais elle craignait aussi de perdre son emploi.

Lisette est en thérapie avec moi depuis quelque temps. Elle arrive un jour en me disant que depuis une semaine elle ne peut plus dormir plus d'une heure ou deux par nuit. Elle veut bien faire tous les efforts possibles pour se préparer au sommeil, comme, boire du lait chaud, prendre une marche, faire des exercices d'auto-hypnose. Rien n'y fait, elle n'arrive pas à dormir plus d'une heure ou deux. En conséquence, elle souffre d'étourdissements à son travail. Sa concentration est plus que médiocre. Elle a, de plus en plus, les nerfs en boule et elle est devenue très impatiente avec les gens de son entourage. Elle m'affirme, en même temps, qu'elle a toujours souffert d'un certain degré d'insomnie depuis son très jeune âge. Quand elle était petite, la noirceur lui inspirait une peur terrible. Elle voyait souvent des squelettes dans ses cauchemars et elle avait toujours peur de voir arriver une ombre. Elle affirme qu'il lui a toujours fallu combattre cette peur de la noirceur.

Nous nous entendons, Lisette et moi, pour la diriger dans une vie passée qui lui permettra de retrouver l'origine de sa peur de la noirceur et du même coup de ses insomnies. Avant d'entrer dans cette vie passée, Lisette commence déjà à ressentir beaucoup de peur. Je l'invite à parler de cette peur, ce qu'elle fait. Cela lui apporte un certain soulagement et lui donne le courage de continuer. Voici le *verbatim* de la régression :

L : Je vois deux images de quelqu'un enterré vivant dans une tombe... Je me vois enfermée dans une boîte. C'est un cercueil en bois, comme une caisse de quatre planches clouées. J'étouffe, je panique, j'ai peur. Je ne peux pas me retourner. J'éprouve un sentiment d'impuissance. Je hurle au point où ma tête est près d'éclater. J'ai les mains et les genoux en sang à force de pousser contre le couvercle. Je supplie, je hurle mes supplications.

Cette réminiscence est particulièrement difficile pour Lisette. Je lui demande si elle veut mon aide pour diminuer les sensations extrêmement désagréables qu'elle éprouve ou si elle désire continuer de la même façon. Comme elle s'en sent capable, je lui suggère de retourner en arrière dans le temps, afin de comprendre ce qui lui arrive.

L : On la pensait morte. La terre commence à tomber sur la boîte. Cela fait des bruits assourdissants. Lentement, elle reprend partiellement connaissance en se demandant ce qui se passe, en se pensant dans un rêve. La terre et la poussière s'infiltrent. Elle est congestionnée, elle a le nez bouché, elle ne peut pas se moucher. Après un certain temps sur le dos, ça devient insupportable. De plus, elle ressent une douleur lancinante au coccyx qui appuie sur la planche dure.

T : Très bien. Rappelle-toi que tu revis à ce moment-ci un souvenir d'une vie passée. Même si cela est pénible, il n'y a pas de danger, ce n'est qu'un souvenir.

Je te suggère maintenant d'avancer dans le temps, un peu plus tard, à un moment important pour toi.

L : Il y a beaucoup de sueurs, de transpiration. Il y a de l'étouffement, de la panique. Elle meurt de panique...

T : Très bien. J'aimerais maintenant que tu te souviennes du moment de ta mort et de ce que tu as ressenti à ce moment-là.

L : Une libération.

T : En même temps que tu t'es sentie libérée, peux-tu identifier l'idée, la croyance ou l'émotion que tu as conservée en dedans de toi à la suite de cette expérience?

L : Il y avait de l'effroi. Une peur très intense de la mort, de la fin d'une vie...

T : Très bien. Il serait maintenant avantageux pour toi de comprendre ce qui t'est arrivé dans cette vie-là pour aboutir à une fin de vie aussi difficile. Je te suggère de retourner en arrière dans le temps à un moment important pour toi qui te permettra de comprendre.

L : Je suis une femme. J'ai un mari qui est bon avec les enfants. Je suis enceinte. Mon mari est gentil. Nous sommes une famille unie dont les membres s'aiment beaucoup et s'entendent très bien. C'est une famille très heureuse. J'ai plusieurs enfants en bas âge. Il y a beaucoup de rires dans la maison. Je suis une personne qui considère la vie comme très belle même si c'est une époque difficile.

J'arrive au moment de l'accouchement. C'est un accouchement très difficile. J'entre dans le coma. On me considère comme morte... Je suis exposée dans la maison; une soirée et une nuit. Ma famille me pleure beaucoup. Il y a des crises, de la pitié. On m'a mise dans une boîte. Mon mari est inconsolable avec les enfants autour. Il y a plusieurs jeunes enfants...

T : Comme tu vois, tu vivais une vie très heureuse jusqu'à cet accident où tu es tombée dans le coma. Les membres de ta famille t'ont crue morte et tu as été enterrée vivante. Tu y as vécu un très grand traumatisme. Cette vie passée est terminée, mais il s'agit pour toi, maintenant, de te libérer de l'influence de cette vie passée. Alors, pose-toi la question suivante : *Quels liens puis-je faire entre cette vie passée et ma vie actuelle?*

L : Je me rends compte que cette fin de vie, cette panique, cette peur, sont les mêmes émotions que j'éprouve et m'empêchent de dormir, qui me causent de l'insomnie. Mes paniques dans l'obscurité, mes crises d'angoisse, mes sueurs anormales me viennent de là. C'est la même chose qui m'arrive avec mes sensations d'étouffement lorsque je suis limitée par un espace restreint. C'est aussi le même phénomène qui se passe quand je panique si j'ai quelque chose qui me serre la tête. Je me rends compte que cela prend son origine dans cette scène de fin de vie dans laquelle, par erreur, j'ai été enterrée vivante.

Comme le lecteur peut s'en rendre compte, le retour dans une vie passée traumatique n'est pas ce qu'il y a de plus plaisant. Mais combien libérateur! C'est toujours le commentaire que font les gens qui revivent une telle expérience. Et c'est ce qu'affirma Lisette après la régression : *C'est extrêmement libérateur.* Elle s'est sentie libérée d'une angoisse et d'une pression intérieure qui étaient présentes en elle depuis bien des années, et, qui sait, depuis peut-être le début de sa vie actuelle. Le soir même, Lisette retrouva le sommeil. Elle dormit huit heures par nuit pendant toute la semaine qui suivit. Quand je la revis la semaine suivante, elle était toute pimpante, pleine d'énergie et très heureuse de me faire part des commentaires de ses collègues de travail. Dès le jour suivant sa thérapie, ils la trouvèrent en meilleure forme que jamais.

En retrouvant dans sa mémoire l'origine de ses angoisses, elle était devenue consciente des associations qu'elle continuait de faire, au niveau inconscient, entre la noirceur et la peur d'être enterrée vivante. Son subconscient pouvant maintenant faire la distinction entre le moment de cette vie passée et le moment de sa vie présente, n'avait plus besoin de lui donner des messages de danger, quand survenait la noirceur. L'élément déclencheur n'était plus opérant. Il était désamorcé. C'est ce qui a été confirmé plusieurs semaines plus tard, quand j'ai eu l'occasion de reparler avec Lisette. Cette dernière me raconta que la qualité de son sommeil continuait à se maintenir et qu'elle ne ressentait plus, d'aucune façon, cette angoisse et cette pression intérieure, qui l'avaient accompagnée durant tant d'années, dans sa vie actuelle. C'était terminé.

Chapitre 8

Est-ce ou non mon karma?

Abordons maintenant le concept du karma. Plusieurs y attachent des notions de punition et de fatalité. La notion de punition découle du fait qu'on croit que la personne a commis un *péché* dans une vie passée et qu'elle doit maintenant réparer, payer une dette. À mon avis, cette notion de punition serait le legs d'une religion occidentale comportant le concept d'un dieu vengeur. Quant à la notion de fatalité, elle s'installe parce qu'on croit que l'individu ne peut choisir sa vie ou n'a pas de pouvoir décisionnel sur sa vie. Il me semble que cette notion de fatalité n'est qu'un résidu de certains principes mal interprétés par les religions bouddhiste et hindouiste. Ces religions professent la réalité de la réincarnation comme faisant partie du cheminement de l'âme, dans lequel celle-ci évolue. Mais je ne crois pas qu'il existe dans ces religions cette teinte de fatalisme, parfois rattaché au karma.

Selon moi, le karma est un enchaînement des actes et de leurs effets cumulatifs, d'une vie à l'autre. Cela semble un peu sec comme définition. Néanmoins elle implique essentiellement et simplement que chaque acte a son effet qui à son tour entraîne les actes ultérieurs. Cela peut supposer que ces derniers découlent de choix délibérés, fruit du libre arbitre d'un individu. Cela peut aussi comprendre des actions ne dépendant pas de la libre volonté mais du hasard. Cela comprend l'accumulation de résultats positifs ou négatifs d'actes posés par l'individu (se rappeler l'accumulation d'actes qui ont conduit à la maîtrise de certains talents illustrés dans les chapitres précédents). Dans le présent chapitre, nous traiterons des effets d'actes négatifs.

Il serait tentant d'aborder cette question à la lumière de l'enseignement des religions orientales qui proposent une riche réflexion sur ce sujet. Cependant, il est beaucoup plus agréable et plaisant de le faire en faisant sa propre recherche, par le retour dans des vies antérieures. Utilisons des exemples pour parler du karma, selon la conception que je privilégie.

Le premier exemple est celui d'une personne aux prises avec une vie présente difficile. Bien plus, elle s'est rappelé trois vies passées dont l'une, plus particulièrement pénible.

Voici Denise, une femme dans la quarantaine, vivant dans la campagne québécoise, mariée, mère de deux enfants maintenant adultes, amoureuse des chevaux et qui, conjointement avec une amie, est en train de s'amuser à terminer la rédaction d'un roman d'amour. Denise se présente à mon bureau à cause d'un problème d'angoisse qui s'apparente à celui de la claustrophobie. Chaque fois qu'elle se trouve dans une pièce quelconque où se trouvent plusieurs personnes, quelle que soit la grandeur de la pièce ou le nombre de personnes dans cette pièce, elle panique lorsque quelqu'un ferme la porte. Elle *se conduit comme une folle,* comme une bête traquée; elle cherche la sortie d'un regard affolé. Elle est consciente de son comportement et se sent très honteuse de réagir ainsi, mais il lui est impossible de maîtriser ses réactions.

Dans son cas, la thérapie s'est étalée sur vingt rencontres. Nous avons alterné des vies passées heureuses, dans lesquelles elle puisait des forces, et des vies passées difficiles, où elle retrouvait l'origine de ses angoisses, pour lui permettre de s'en libérer. Quand Denise se sent prête, je la guide dans une vie passée *qui lui permet de trouver l'origine de sa claustrophobie.* Elle se retrouve dans le personnage d'un jeune marin de la marine française nommé Colin. Au moment du retour de Denise dans cette vie passée, Colin est sur la Méditerranée, dans la cale d'un navire, un trois mâts. C'est le soir.

D : Nous sommes plusieurs, assis sur un banc. Il y a une lanterne qui se balance et qui nous éclaire faiblement. Il y a des cordages à nos pieds, de gros cordages. Je ressens le roulis du navire. La nuit semble normale. Je porte des souliers de couleur foncée, un pantalon beige ou blanc, un gilet blanc rayé de couleur foncée. Je suis heureux, j'aime mon travail, j'ai de bons amis. Nous rions et plaisantons.

Tout à coup, quelqu'un crie sur le pont. Nous ne pouvons distinguer ce qu'il crie. Le bateau frappe quelque chose. Nous sommes projetés sur le plancher. Les objets dans la cale volent dans toutes les directions, tout comme les gens, les barils. La lanterne tombe et s'éteint. Il fait noir. Il y a des gens blessés. Nous ne pouvons rien voir. Soudain, le silence se fait, un silence pesant. Puis, nous entendons les gens sur le pont courir et crier. Nous ne pouvons comprendre ce qu'ils disent. Nous sommes effrayés. Quelqu'un dit qu'il a trouvé l'échelle. L'eau commence à monter dans la cale.

Nous savons que le bateau coule. La panique s'installe. Il nous faut monter sur le pont, mais quelque chose de l'extérieur est tombé sur la porte qui se trouve ainsi bloquée. Nous n'arrivons pas à l'ouvrir. Nous essayons tous de pousser dessus et nous crions aux gens sur le pont de nous aider. Le bateau bascule sur le côté, d'une drôle de façon. L'eau continue à monter dans la cale. Nous continuons à frapper sur la porte, à crier et à essayer de sortir, mais personne ne vient à notre aide. Ils sont soit tous morts ou partis. L'eau continue de monter, elle est tellement froide et il fait si noir.

Nous nous accrochons tous à l'échelle. Nous sommes tellement serrés les uns contre les autres qu'il n'y a presque plus de place pour respirer. Je ne suis plus capable de m'agripper à l'échelle. Il fait trop froid. Il n'y a plus d'espace. J'inspire tant bien que mal et je retiens l'air dans mes poumons aussi longtemps que je le peux. L'eau est froide. Mes poumons me font mal, je dois expirer. Puis, j'inspire de nouveau. Je peux sentir l'eau qui emplit mes poumons. Je ressens une sensation d'étouffement. J'essaie de combattre, mais je n'ai rien pour m'aider. Je ne peux aller nulle part. Il fait si noir.

Denise continue de se rappeler cette tragédie, maintenant terminée parce qu'elle est sortie de son corps.

D : La peur est partie. Il fait simplement noir. Je n'ai plus de sensation. Il n'y a que la noirceur. C'est comme si j'étais en dehors du bateau. Je peux nous voir flotter ici et là. Le bateau est en train de couler. Je le regarde en train de couler. C'est une sensation étrange. Je ne fais plus partie du bateau maintenant. Mais je peux encore voir l'eau et la lune. Je ne sais pas où je suis.

J'ai voulu vous présenter les détails de ce drame tel que décrit par Denise, pour vous permettre de bien saisir la terreur qu'elle a vécue à ce moment-là. Cette réminiscence n'a pas été facile pour elle. En fait, nous avons été obligés d'y revenir lors de deux autres séances pour lui permettre de s'en dégager complètement. Finalement, nous y sommes revenus une quatrième fois pour nous assurer qu'il n'y avait plus de résidus émotifs.

La quatrième fois, elle a revu cet événement comme un film qu'on revoit une dixième fois et qui ne nous dit plus rien. C'est le signe que la charge émotionnelle est complètement dissipée. L'épouvante et la terreur étant disparues, Denise fit alors des progrès importants dans la guérison de sa claustrophobie.

Néanmoins, afin d'être libérée définitivement, elle dut revivre deux autres vies passées où elle avait trouvé une mort traumatique : l'une dans un tunnel effondré, l'autre dans l'eau, dévorée par une bête aquatique..

Sa claustrophobie étant presque libérée, nous en sommes tous deux arrivés à la question : Comment se faisait-il qu'elle avait choisi de vivre de tels traumatismes dans ces trois vies? Nous avons alors bouclé la boucle en allant trouver une vie passée *qui lui permette de comprendre les raisons pour lesquelles elle avait choisi de vivre trois fins de vie aussi tragiques*. Elle se retrouve alors *loin en arrière dans le temps*, au début du Moyen Âge dans le pays de Galles, dans un personnage de femme. Elle fait partie d'un groupe qui est sous l'emprise morale et psychologique d'un homme mystérieux, doué d'un charisme ensorcelant. Le genre de groupe dont elle fait partie ressemble fort à un groupe de disciples plutôt fanatiques, s'apparentant à celui de Jonestown. Elle fait partie du groupe parce que leur leader l'a sauvée de l'esclavage lorsqu'elle était jeune et elle le suit depuis ce temps. Voici quelques scènes.

D : Il fait noir, c'est la nuit. Il y a des arbres autour de moi et un homme vêtu d'un manteau noir. Il porte au cou un médaillon. Ce médaillon a plusieurs facettes avec une grosse pierre au centre. C'est comme un symbole. Il y a un feu de camp, de petites huttes et d'autres personnes aussi habillées avec des manteaux sombres. Je suis habillée comme eux. Je crois en cet homme mais je le crains aussi. Nous faisons tous partie de quelque chose, comme d'une religion. Nous croyons que ce que cet homme dit est la vérité.

Plus tard, je vois un village en feu. C'est nous qui y avons mis le feu. Les gens se sauvent et crient. Le bruit est terrible. Nous avons mis le feu au village parce que cet homme nous a dit de le faire, parce que les habitants ne croyaient pas ce qu'il prêchait. Nous avons brûlé ainsi plusieurs villages. Les gens ont peur de nous. Je préférerais ne pas avoir à tuer tous ces gens, mais l'homme nous dit qu'ils ne nous laisseront pas en paix.

Les gens du village disent qu'il est un malfaiteur inspiré par le diable. Nous le voyons seulement le soir, quand il fait noir. Il m'a appris les sortilèges et les incantations, à me battre avec une épée. Il nous dit que les gens du village ne nous accepteront jamais. Il parle aux étoiles la nuit et sait comment se diriger en se fiant aux étoiles. Il nous fait faire des rituels et des sacrifices pour la paix en immolant habituellement un animal, parfois même, une personne.

Son médaillon est un symbole de son autorité sur nous : il lui a été remis par un *ancien*. Je croyais en lui mais je n'aimais pas devoir tuer tous ces gens. Je ne m'en sentais pas à l'aise. On était toujours en train de déménager d'un endroit à l'autre. On ne restait jamais longtemps dans le même campement.

À la fin de ce retour dans cette vie passée, je demande à Denise quels liens elle fait avec ses vies subséquentes traumatiques. Elle me répond : *Pour expérimenter la terreur.* Comme elle avait fait subir la terreur à d'autres êtres humains, elle avait besoin de comprendre cette même terreur dans *sa chair* pour ne plus avoir le goût de recommencer. En réalité, si nous sommes tous unis au niveau de l'âme, nous avons à découvrir l'amour qui nous unit les uns aux autres.

Ce fut l'essence de sa réflexion. Cependant, c'est une réflexion qui mène hors des concepts de punition et de fatalité rattachés habituellement à la notion du karma. Il s'agit ici, d'une part, d'apprentissage pour s'améliorer sur le plan spirituel et, d'autre part, d'un choix dynamique qui responsabilise l'individu. C'est donc un choix qui s'inscrit dans un processus de croissance karmique et cosmique.

Le fil conducteur des liens karmiques

Deux autres exemples vont mettre en lumière une autre facette du karma, une facette qui pourrait s'appeler la maîtrise complète d'une gamme, un peu comme un pianiste doit apprendre à bien exécuter des gammes s'il veut parvenir à maîtriser parfaitement son instrument.

L'exemple de Yves

Yves, âgé de 38 ans, est un analyste financier dans un service informatique, pour une compagnie canadienne de transport. Le problème d'Yves est assez spécial. Il manifeste des symptômes de panique et d'angoisse dans différentes situations particulières. Ces symptômes peuvent faire leur apparition lorsqu'il doit conduire son automobile dans un environnement familier, lorsqu'il doit découcher, lorsqu'il est pris dans la circulation routière, lorsqu'il part en voyage, lorsqu'il doit prendre l'ascenseur, l'avion, parfois même, quand il est seul chez lui.

En retournant dans une vie passée, à l'origine de cet état d'angoisse, Yves se reconnaît, au Moyen Âge en Espagne, dans le personnage d'un homme doux qui veut conquérir la main d'une jeune noble. Il doit cependant la mériter. Vêtu d'une armure et portant l'épée, il se présente en combat singulier pour prouver sa valeur. Cependant, il est tout à fait incapable de combattre son adversaire. Il paralyse, mentalement, il est incapable de bouger. Son adversaire l'abat. Il est laissé pour mort et qualifié de lâche. Il survit malgré tout. Plus tard, il tente de retrouver son amoureuse. Le père de cette jeune noble réagit violemment devant ce *lâche* qui veut renouer les liens avec sa fille. Le *lâche* est mis aux arrêts et condamné à finir ses jours en prison.

Lors de la rencontre suivante, la question qui prédomine est de savoir comment se fait-il qu'Yves ait paralysé ainsi, lors du combat singulier. Il se retrouve alors dans une vie passée, dans le personnage d'un guerrier viking, aux longs cheveux blonds, qui vient d'accoster sur une île, à bord d'une petite embarcation. Il est grand et fort, fier et puissant comme guerrier. Il n'a peur de rien. Il se retrouve au pied d'une haute falaise abrupte. Dans son désir d'explorer l'île, il escalade la falaise. Au bout de son ascension, il perd toutefois pied et tombe... sur le dos, près de son embarcation.

Il est complètement paralysé. Il ne ressent aucune douleur, mais il ne peut absolument pas bouger. Il continue à ressentir ou à percevoir sa *puissance* mais, en même temps, son corps n'obéit plus à sa *puissance intérieure*. Pour la première fois de sa vie, il a peur. Il sent l'eau de la marée qui monte. Il prend conscience de son impuissance. Il se dit que cela ne se peut pas qu'un puissant guerrier comme lui finisse ainsi. Finalement, il meurt, la marée ayant le dernier mot.

Le fil conducteur entre les trois vies d'Yves : celui-ci comprit que sa fin de vie comme guerrier viking puissant créa un grand traumatisme. Néanmoins, cette fin préparait cette autre vie en Espagne, dans laquelle il a eu à expérimenter le sentiment d'impuissance, car le traumatisme de cette fin de vie continuait à l'influencer mentalement. Il comprit qu'il voulait ainsi apprendre à devenir un homme doux dans sa vie actuelle, en mettant totalement de côté la violence engendrée par la puissance guerrière et en se libérant du traumatisme de cette fin de vie de Viking. Dans sa vie actuelle, il lui reste à intégrer ces deux dimensions : être un homme doux, ce qu'il est, tout en se permettant de s'affirmer sans violence physique. À la suite de ces deux vies passées, les symptômes d'Yves disparurent rapidement et il fit des progrès rapides dans l'affirmation de soi. Comme le dit l'expression : *C'est tout un karma!*

L'exemple de Serge

L'exemple suivant est semblable dans sa nature. Serge, un jeune homme de 26 ans, travaille comme machiniste dans une petite compagnie montréalaise. Il aime son travail mais se plaint qu'il y a beaucoup d'injustice à cet endroit, étant un peu le bouc émissaire de certains employés qui l'accusent injustement d'erreurs commises dans le service. Quand il veut se défendre auprès de son employeur, il bégaie, ce qui compromet le respect qu'il croit mériter.

Une première vie passée traumatique le ramène dans le personnage d'une jeune esclave noire dans le sud des États-Unis. Dans cette vie passée, cette jeune esclave a peur du maître et elle croit qu'elle n'a aucun droit. À la suite de cette régression, où Serge a cerné sa croyance inconsciente de n'avoir aucun droit, le lendemain même, il cesse de bégayer devant son patron. En devenant conscient de cette croyance, il lui devenait possible de l'éliminer.

Lors de la rencontre suivante, je lui suggère de retrouver une vie passée dans laquelle il jouait le rôle inverse d'un esclave. Il se retrouve sur une galère. Il y a dix rames de chaque côté, avec trois rameurs assignés à chaque rame, donc soixante rameurs enchaînés. Il tient un fouet à la main et doit s'assurer que les rameurs fassent bien leur travail. Il est méprisant à leur égard et brutal avec eux.

Voici donc un individu qui, dans un but d'évolution, a choisi deux vies aux antipodes l'une de l'autre, soit la brutalité et le non-respect à l'égard des autres dans l'une, et la brutalité et le non-respect de l'autorité à son égard dans l'autre. Il lui reste à faire la part des choses dans sa vie actuelle. Et c'est ce que Serge est en train de faire, puisque à la suite de ces deux régressions, d'une part, il prend sa place sans bégayer et affirme sereinement ses droits et, d'autre part, il ne se laisse plus affecter et atteindre émotivement par les injustices de ce monde. Il a compris.

Croissance de l'humanité :
expérimentation-compréhension

Il est temps de partager avec vous l'évolution de mes réflexions concernant la réincarnation. Elles sont le fruit de mes lectures, de mes partages et de mes expérimentations. Revenons donc au mot karma et aux expériences de régressions de Denise. Il n'est pas toujours facile de comprendre le sujet de réflexion que celle-ci a suscité en rapport à la terreur qu'elle avait besoin de vivre et de sentir dans sa chair. Une telle dimension n'est pas évidente au premier abord.

Alors, considérons notre mère la Terre comme un lieu de formation. Regardons toutes ces vies qu'il faut vivre comme des stages de formation, où chacun est appelé à évoluer sur le plan spirituel, à expérimenter d'une vie à l'autre la découverte de soi, la bonté en soi, l'amour de soi. Cet amour de soi se fait par l'expérimentation de ses talents, en apprenant à en jouir et à s'apprécier. Par contre, il est important de réaliser que cette expérimentation se fait sur une longue période. Il est essentiel de nous ouvrir au plus grand nombre de vies possible qu'il nous faut vivre pour réussir une telle expérimentation.

Chacun est appelé à expérimenter dans sa chair, dans un but d'enrichissement de la bonté, de développement de la miséricorde et cela, envers soi-même et envers les autres. Alors, quand Denise me dit qu'elle a besoin d'apprendre dans sa chair en quoi consiste la terreur, elle dit en réalité que, pour apprendre à aimer l'autre, il faut pouvoir se reconnaître dans lui. Lorsque Denise se donne comme mandat d'expérimenter la terreur, dans des vies subséquentes, elle y parvient, il me semble, au moment où elle est capable de comprendre, dans sa chair, la souffrance de la terreur. Quand elle comprend cette souffrance au niveau de l'expérimentation personnelle, alors, elle peut vraiment la comprendre chez les autres. Et quand, de surplus, elle peut prendre conscience de cet élément traumatique sous-jacent qui la suit depuis plusieurs vies, alors là, enfin, elle s'en libère complètement et elle perd, à tout jamais, l'habitude de ce geste. Elle l'élimine de son système.

Pour moi, il n'y a pas de connotation de punition rattachée au concept du karma. Il n'y a qu'un aspect de compréhension et d'évolution par l'expérimentation. D'ailleurs, si on parle et de karma et d'expérimentation, il faut aussi considérer tous les succès de chacun dans ses diverses vies passées. Les succès remportés par chacun de nous s'accumulent d'une vie à l'autre et ils font partie de l'évolution de chacun. De plus, chacun est à même de pouvoir réutiliser, dans sa vie actuelle, ses ressources développées dans des vies passées.

Ces ressources et ces talents développés dans des vies passées font d'ailleurs partie de la personnalité, de l'évolution spirituelle, de chacun. De plus, ces richesses peuvent être exploitées consciemment, si on le veut. Tous ceux qui sont venus me voir pour utiliser leur vies passées peuvent en témoigner. Ils en sont sortis enrichis et plus évolués sur les plans de la confiance en soi, de l'amour de soi et de l'amour des autres.

Le karma est simplement le résultat de l'accumulation de l'expérimentation de chacun au fil de ses nombreuses incarnations, dans un but d'évolution spirituelle. Cette évolution spirituelle se fait dans une optique d'exploration et de découverte de son être qui nous conduit lentement et sûrement vers la réalisation de notre potentiel, de l'amour de soi et des autres.

Cette découverte nous conduit à accumuler nos succès pour grandir. Cette exploration nous amène à choisir, parfois, des épreuves qui nous forcent à grandir. Les erreurs de parcours qu'il nous arrive à l'occasion de faire, comme celle de Denise (faire partie d'une secte), nous conduisent à expérimenter ce que nous faisons subir aux autres pour nous permettre de le comprendre dans notre chair et donc, de l'évacuer de notre système. Ainsi, il est possible de continuer à évoluer, selon le principe d'amour qui nous guide d'une incarnation à l'autre et qui nous apprend à aimer notre prochain.

Chacun évolue et progresse à chaque incarnation. L'évolution de l'humanité se fait à un rythme lent, presque imperceptible. Cette évolution se fait tellement lentement qu'on pourrait parfois en douter, doute qui naît aussi d'une perception d'Occidental impatient, peu porté à voir sa propre évolution sur une période aussi étendue.

Ce que chacun expérimente fait croître l'humanité. Quand on s'arrête à cette pensée, il se passe plusieurs choses en soi. Tout d'abord, il devient impossible de juger, de condamner les autres; cela ne veut toutefois pas dire qu'il faut laisser les autres nous abuser ou nous maltraiter. Il y a des comportements qui sont inacceptables. Ensuite, on en arrive même à découvrir, tout à coup, à l'intérieur de soi, une grande compréhension et une grande sollicitude envers les autres, si différents et en même temps si semblables.

On y découvre même une qualité de joie et d'optimisme par rapport à l'évolution de l'humanité. Oui, c'est le voile qui se lève et nous permet de comprendre la raison de notre existence sur terre. C'est une nouvelle lumière jetée sur la progression d'une humanité de misères et de problèmes. En dépit de toutes ces difficultés incroyables, en dépit de toutes les raisons qu'il peut y avoir de désespérer, une nouvelle vision surgit intérieurement : l'existence d'un plan divin qui amène l'humanité vers un mieux-être. Ce plan divin est basé, avant tout, sur l'évolution de chacun; en expérimentant d'une vie à l'autre et en s'améliorant d'une vie à l'autre. Ces expérimentations individuelles se multiplient lentement mais sûrement, dans leurs interactions.

Voici un exercice qui peut faciliter l'émergence d'une telle perception. Pendant un moment, fermons les yeux (après la lecture de cet exercice). Plaçons-nous en état de relaxation. Laissons tout jugement et tout doute de côté. Ouvrons notre esprit dans toute sa créativité à la visualisation suivante :

Premièrement :

Tentons de nous visualiser à développer des talents personnels, d'une vie à l'autre, dans de très nombreuses vies, même. Prenons plaisir à le faire. Nous pouvons y parvenir en partant des talents que nous possédons actuellement dans notre vie. Utilisons aussi les difficultés personnelles que nous expérimentons dans notre vie actuelle. Prenons notre temps et amusons-nous à le faire. Surtout, prenons conscience, dans la mesure du possible, de notre évolution et profitons-en pour nous apprécier davantage. Éprouvons de la bonté et de la compréhension envers nous-mêmes lors de nos périodes difficiles et de nos erreurs.

Deuxièmement :

Visualisons, par la suite, les membres de notre famille ou nos amis vivant l'expérimentation de diverses incarnations et, comme nous, progressant de cette façon. Ressentons à leur égard, les mêmes sentiments

158

d'amour que nous avons ressentis, plus tôt, à notre égard.

Troisièmement :

Utilisons davantage notre imagination en visualisant le reste de l'humanité, qui passe par le même processus, d'une vie à l'autre, lentement, au fil des âges, depuis l'aube des temps. L'humanité chemine lentement et inéluctablement vers un mieux-être que nous pouvons nous permettre de ressentir.

Si nous pratiquons cette visualisation, si nous nous donnons la peine de bien la faire, la probabilité est très grande qu'il se produira quelque chose comme ceci : l'image que nous avons de nous-même changera et deviendra plus positive. La perception que nous avons de nos amis se modifiera, nous les sentirons davantage comme des frères et sœurs que nous aimons.

Notre perception de l'humanité sera aussi transformée. Nous commencerons à entrevoir et, peut-être même, à sentir cette lente marche de l'humanité; tous ensemble comme des frères et des sœurs. Il se glissera en nous, à notre grande surprise, un sentiment d'optimisme face à l'avenir de notre planète. Si nous pratiquons cette visualisation chaque jour pendant environ un mois, nous serons surpris des changements dans notre vie.

Imaginons d'abord que ce livre soit lu par plusieurs milliers d'individus. Qu'arrivera-t-il donc si un aussi grand nombre de lecteurs s'adonnent à une telle visualisation? Il faut réaliser que la façon de penser de plusieurs milliers de personnes changera; il arrivera que, subtilement, à notre insu peut-être, notre nouvelle conception du monde, par l'expression de nous-même, influencera de nombreuses personnes autour de nous. Il se pourrait aussi que notre pensée se répercute dans l'atmosphère subtile (comme les ondes électromagnétiques) dans laquelle nous vivons. Il se peut que ces pensées soient captées, inconsciemment, par des milliers de personnes. Il se peut que la pratique d'une telle visualisation, par plusieurs milliers de personnes, crée un impact tel, qu'elle propulse vers l'infini une petite partie de l'humanité.

Combien seront au rendez-vous de cette visualisation qui transcende les dimensions du temps et de l'espace?

Chapitre 9

> # Interrelation des volets thérapeutiques

Dans les chapitres précédents nous avons abordé différents volets thérapeutiques. Chacun de ces aspects étant bien compris, il est temps d'en examiner les inter-relations. Nous le ferons en nous servant de l'exemple particulier de l'une de mes clientes. En la suivant dans son cheminement thérapeutique, il nous sera facile d'observer, d'une part, l'impact de chaque volet thérapeutique, et, d'autre part, la complémentarité de chacun d'eux.

Son nom est Suzanne, une femme dans la cinquan-taine, une surdouée, très compétente professionnelle-ment, dotée d'une grande créativité et débordante d'énergie. Je l'ai choisie comme *héroïne* de ce chapitre pour diverses raisons. Elle est une professionnelle de la psychothérapie, domaine dans lequel elle obtient beaucoup de succès. Elle est en grande demande dans sa profession, au point où son horaire de travail est continuellement rempli, sans aucune publicité. Elle possède la capacité d'apprécier la valeur de la thérapie de retour dans des vies passées sur les plans profes-sionnel et personnel.

Durant son enfance, Suzanne a fréquemment été brutalisée à coups de poing et de claques par sa mère dont elle était la cible préférée. Elle a souvent été témoin de scènes de violence où une mère, tout à fait imprévisible, battait violemment un ou plusieurs de ses enfants, en même temps, avec une épaisse lanière de cuir. Suzanne se rappelle qu'elle se cachait derrière le poêle à bois et hurlait sa terreur et son impuissance de façon incontrôlable. Hélas! jamais personne ne se souciait de ce qu'elle éprouvait.

Il s'agit donc d'une enfant mal-aimée. Elle a attendu longtemps avant d'aller en thérapie, parce que ses craintes de rejet et de blâme étaient tellement fortes, qu'elle ne pouvait parler d'elle. Suzanne avait déjà tenté, sans succès, une thérapie. Toutes ces choses y avaient été effleurées mais vite refoulées. Elle a toujours su qu'il faudrait y revenir, pour aller plus en profondeur. Elle espérait un thérapeute capable de la comprendre et de l'accompagner dans ses tristes souvenirs, capable de lui ouvrir la porte pour qu'elle puisse enfin se libérer de ses terreurs et de ses peurs du rejet.

Ce n'est qu'à la suite d'une expérience de quelques rencontres de groupe, visant des retours dans des vies passées heureuses, qu'elle a commencé à envisager des rencontres sur une base thérapeutique. Suzanne s'était déjà procuré ma cassette de visualisation sur la joie intérieure et avait pratiqué cette visualisation, quotidiennement, pendant un peu plus d'un mois, avant de faire appel à mes services.

Renforcement de l'ego

Il s'agit ici, pour le client qui en a besoin, de raffermir son estime de soi et sa confiance en soi, en recourant aux ressources du subconscient qui ne demandent qu'à être utilisées. Dès la première rencontre, je lui enregistre une cassette de relaxation, avec à la fin des affirmations que le client choisit lui-même selon ses propres besoins. Ces affirmations portent souvent sur les thèmes de la confiance en soi, de l'estime de soi, de la concentration sur le moment présent, etc.

En écoutant quotidiennement cette cassette, la personne fournit l'occasion à son subconscient d'enregistrer les suggestions. Cela veut dire que le subconscient se fait une nouvelle programmation, aux antipodes des programmations négatives enregistrées dans l'enfance. Cette codification libère des énergies nouvelles et favorise une reconstruction perceptuelle nouvelle de la personne elle-même. Une amélioration évidente se manifeste, au cours de la semaine qui suit, au niveau de sa propre estime.

Ce type de renforcement de l'ego peut aussi se faire avec des textes plus complets sur l'estime de soi, l'amour de soi, l'écoute de ses inspirations intérieures. Comme le subconscient ne fait pas la distinction entre l'enfance et le moment présent, il enregistre ces programmations, comme si on permettait au client de se rééduquer lui-même. Les effets bénéfiques constructifs s'accumulent et s'incrustent dans le vécu quotidien de la personne. Une douce transformation s'opère. Les problèmes trouvent leurs solutions dans une nouvelle façon d'appréhender la réalité.

D'ailleurs, si la visualisation est utilisée à fond de train par les athlètes pour maximiser leur potentiel (la visualisation est aussi utilisée dans de nombreux autres domaines), c'est qu'il est connu que le subconscient ne fait pas la distinction entre la réalité extérieure et la visualisation consciente et volontaire dans notre vie intérieure. La visualisation mène directement à l'actualisation. Il peut donc être pris pour acquis qu'il est possible, avec la visualisation, de rééduquer son propre enfant intérieur pour maximiser son potentiel et libérer ses énergies régénératrices.

De multiples modalités de ce principe peuvent être appliquées. Prenons l'exemple d'une cassette que j'ai conçue, il y a quelques années, *Voyage dans le monde de la joie intérieure*. Dans celle-ci, sur un fond de musique appropriée, j'invite le sujet à s'inspirer des bons moments de son enfance et à se voir en train de danser, de chanter, d'exprimer sa joie de différentes façons, de retrouver son rire d'enfant et son sens de l'émerveillement, etc. J'ai remarqué chez le sujet, quand il pratique cette visualisation quotidiennement, pendant environ trente-cinq jours de suite, non seulement un changement positif, mais, il semblerait que ce changement soit permanent.

Avant de venir en thérapie avec moi, Suzanne avait participé à une expérience de groupe de quelques rencontres où les participants sont invités à retrouver leurs vies passées heureuses. Elle avait aussi, comme je l'ai déjà mentionné, écouté quotidiennement, pendant plus d'un mois, le contenu de ma cassette.

Voici donc les commentaires de Suzanne sur sa visualisation du *Voyage dans le monde de la joie intérieure.* Observons les résultats de ce processus de visualisation qui remet en lumière les acquis positifs de son enfance : ces ressources sont réactivées et conduisent directement à une transformation de son image de soi.

S : J'ai commencé l'écoute de cette cassette dix jours avant la fin de l'expérience de groupe, car je voulais bien préparer la rencontre qui avait trait à notre plan de vie et je voulais en retirer le maximum.

Ayant eu une enfance assez difficile, j'en retenais surtout mes terreurs, mes frustrations, mes déceptions. Avec cette cassette, j'ai retrouvé toute la vitalité de l'enfant que j'avais été : la musique est venue solliciter les souvenirs de mon agilité, de ma vivacité, de mon harmonie. J'ai retrouvé tout le plaisir que mon corps m'avait apporté dans mon enfance. Oui, ce corps m'avait comblée par tous ses sens. Dans ce désert affectif qu'a été mon enfance, je m'étais créé un paradis terrestre. J'observais, j'explorais, j'expérimentais; la nature n'avait pas de secret pour moi. J'ai fait preuve de beaucoup d'ingéniosité à m'entourer de beautés, à me créer un univers réconfortant.

J'ai reconnu avoir été une enfant curieuse, vivante, turbulente peut-être, mais très éveillée, qui ne demandait qu'à être stimulée. Mon corps était toujours en mouvement et mon esprit, en ébullition. Depuis ma toute petite enfance, je me suis exprimée par les arts tels : dessin, broderie, couture, tricot. Je bourdonnais d'activités et je jouais beaucoup.

L'image de l'enfant fatigante, assommante, déplaisante que j'avais retenue a fait place à celle d'une enfant débordante de vie, créative, expressive.

Une manifestation de ce contact avec l'enfant heureuse en moi a été le rire, ce rire spontané qui éclate même quand je suis seule, le jour comme la nuit, en lisant ou en conduisant... Et ce rire continue d'égayer ma vie et celle des autres. J'ai retrouvé une abondance d'énergie, je ressens beaucoup moins de stress et je connais une stimulation sans précédent à mon travail.

Il est évident que la guérison des traumatismes de l'enfance représente une partie importante de la thérapie, sinon ces traumatismes continueront à contaminer la vie quotidienne. Rappelons-nous des cas de Marcel et de Marie (chapitre 6). Marcel avait peur de la noirceur et Marie souffrait de migraines. L'utilisation de l'hypnothérapie les avait aidés à retrouver, dans leur mémoire respective, l'origine de leurs problèmes. En même temps, ils devenaient capables de corriger leurs perceptions erronées de la réalité, puis de se libérer des faux messages enregistrés dans leur enfance.

L'hypnothérapie n'est toutefois pas toujours nécessaire pour aider quelqu'un à se libérer des traumatismes de son enfance. Dans beaucoup de cas, quand la personne peut s'en rappeler et en parler, cela est suffisant. C'est ce qu'illustre bien l'exemple de Suzanne.

À la suite de son expérience en groupe et de l'écoute de la cassette; *Voyage dans le monde de la joie intérieure*, Suzanne me demande de faire une thérapie avec moi. Elle ressentait depuis longtemps le besoin de confier à quelqu'un toute sa peine et toute sa douleur d'enfance malheureuse. Elle n'avait pas encore osé le faire avec quiconque. Cette douleur était très près de son conscient à tel point que, dès la première rencontre, à sa grande surprise, elle pleura à chaudes larmes pendant près de deux heures.

Par la suite, plusieurs heures de thérapie ont été consacrées à la laisser pleurer et à permettre à sa douleur et à sa peine de s'exprimer : elle me racontait plusieurs épisodes douloureux de son enfance.

Le mot qui revenait fréquemment dans sa bouche était le mot «trahison»; trahison d'avoir été battue par sa mère, trahison de n'avoir jamais reçu d'affection, trahison de n'avoir reçu ni compréhension, ni réconfort, ni encouragement, trahison de n'avoir jamais été reconnue dans son intelligence. Évidemment, le sentiment de trahison revenait occasionnellement dans sa vie d'adulte, dans des situations beaucoup plus anodines, mais avec un impact tragique d'enfant mal aimée.

Malgré sa vive intelligence, malgré sa formation professionnelle dans le domaine de la psychologie, elle réagissait comme le font les enfants mal-aimés, plus tard, dans leur vie adulte. Dans ses rapports quotidiens parfois difficiles avec ses collègues, il lui arrivait de ressentir les conflits avec une intensité intérieure tragique. Pourtant, ces *heurts,* avec des confrères ou des consœurs de travail, étaient le résultat de mésententes bien normales dans un milieu de travail.

Le plus remarquable dans le cas de Suzanne, c'est que son état d'enfant mal-aimée ne se soit pas manifesté dans sa pratique professionnelle. Elle ressentait ce sentiment de *trahison* sur une base personnelle, dans ses contacts familiaux, sociaux ou interprofessionnels. C'est là seulement que sa vulnérabilité la trahissait. Cependant, tout se passait dans le plus grand secret de son âme, habituée qu'elle était d'offrir toujours une image de parfaite maîtrise et d'harmonie.

Revenons donc aux réflexions qu'elle nous livre sur cette étape de sa thérapie.

S : À la suite de l'expérience de groupe où j'ai pu mettre en lumière mon plan de vie, objet de la dernière rencontre en groupe, j'ai ressenti un très grand besoin de raconter ma vie à quelqu'un, en entier. C'était la seule chose qui était claire à ce moment-là. Dans les jours qui ont suivi, j'ai eu ce que je pourrais appeler, une claire vision de ce qu'avait été ma vie jusquelà, dans tous ses détails et ses contrastes. Non seulement tous les souvenirs sont remontés à la surface, mais ils s'organisaient, s'interreliaient, pour donner un sens à cette tranche de vie particulière qu'avait été la mienne.

L'impact en fut assez foudroyant pour que je devance la première rencontre d'une semaine. À ma grande surprise, lors de la première rencontre, je suis rentrée en contact avec un océan de peine, insoupçonnable dans son ampleur. Les premières larmes ont jailli avec un hurlement comme venant du fond de l'âme, accompagnées d'un mal de tête d'une violence telle, que j'ai dû demander de la glace. Moi qui ne pleure pratiquement jamais... ce fut étonnant.

Cette tristesse, cette peine, évidemment, je la traînais depuis mon enfance. Toute ma vie, je l'avais fait taire par la recherche constante de l'excellence, par des intérêts multiples et des succès toujours remarqués. Plus tard, j'ai pu définir cette peine comme étant «une douleur» enrobée que j'ai feint d'ignorer en menant à bien ma vie. Les abeilles le font en enrobant de cire, après l'avoir tué, un intrus (exemple, une souris) qui s'introduit dans la ruche, afin que l'activité ne soit pas perturbée...

La libération de cette douleur a monopolisé plusieurs heures de thérapie, réparties sur plusieurs semaines. Le seul fait de l'évoquer, provoquait une suffocation et la manifestation immédiate de sanglots intarissables. Entre les séances, je me suis mise à écrire, car les souvenirs traumatiques ne cessaient de remonter à la surface et tout allait si vite dans ma tête... Puis, peu à peu, les beaux souvenirs, les bons moments, ont, à leur tour, pris de plus en plus de place.

168

À la suite d'une série de rencontres où Suzanne a eu l'occasion de donner libre cours aux peines de son enfance, voici le contenu et le résultat de trois rencontres sur des vies passées heureuses. Ces rencontres ont eu lieu au rythme d'une entrevue par semaine. Chaque rencontre dure deux heures et inclut le retour dans deux vies passées heureuses différentes. Chaque vie passée heureuse comprend un thème bien spécifique, dont l'objectif est de fortifier Suzanne, en éveillant en elle les ressources personnelles qu'elle possédait dans des vies antérieures. Ce thème est choisi par Suzanne, selon ses besoins du moment. À cette étape, mon rôle consiste surtout à l'aider à préciser son besoin, puis à la guider dans la vie passée, selon le thème choisi.

Première vie passée heureuse : une vie passée où *je me suis sentie choyée.* Suzanne se retrouve dans un petit village européen, où, petite fille de cinq ou six ans, elle s'amuse à jouer du violon pour les gens du village qui l'affectionnent beaucoup, qui la respectent et qui admirent sa créativité artistique. Elle s'y sent beaucoup appréciée.

Deuxième vie passée heureuse : une vie passée où *je ressens la sérénité et la paix intérieure.* Elle se retrouve au Canada, au début de la colonisation, petite fille de sept ans, dans une famille heureuse de quatre enfants. La mère est calme et parle posément. Le père défriche la terre. Suzanne peut entendre les coups de hache sur les arbres qui tombent. Elle est débordante d'énergie et joue à la corde à danser.

Commentaires de Suzanne
sur ces deux vies passées heureuses

S : Après toute cette peine que j'ai exprimée par la parole et les larmes, je ressentais maintenant le besoin de me *guérir*, de me réconforter, par de belles images, des souvenirs heureux.

C'est alors qu'il me fut proposé des retours à des vies antérieures heureuses et gratifiantes.

La première, où j'étais une petite violoniste affectionnée, je me sentais considérée comme une grande petite fille. Je portais le nom de Krysta. La musique, les contacts chaleureux et respectueux remplissaient toute ma vie.

La seconde vie passée m'a fait me retrouver dans une famille vivant au cœur d'une forêt. C'était au Canada, au début de la colonisation. Je pouvais entendre bûcher mon père, la régularité des coups de hache et les lamentations harmonieuses du sciotte. Tout était calme, serein; aucune inquiétude ne ternissait cette chaleureuse atmosphère. Ce qui comptait, c'était le moment présent, ce quotidien généreux et bien organisé, baignés que nous étions de cette douce tendresse, au cœur de cette nature pourvoyeuse.

La semaine qui a suivi cette rencontre a été beaucoup habitée par ces nouvelles images, ces lointains souvenirs heureux. J'ai été fascinée par la clarté des images et les émotions ressenties. Je me sentais calme, sereine et combien fascinée par la rapidité de mon esprit. Même si je travaillais beaucoup, je ne ressentais aucune fatigue.

Troisième vie passée heureuse : *une vie riante*. Suzanne se retrouve en Australie au XVIIIe siècle, dans la personnage d'un jeune garçon espiègle de douze ans. Ce personnage se trouve dans une partie de forêt tropicale, dans un endroit enchanteur, plein de couleurs, de fleurs sauvages, d'oiseaux et de petits animaux avec lesquels il communique. Suzanne y retrouve le plaisir de la sensorialité, le plaisir de voir et le contentement de rencontrer ses amis les oiseaux, les singes et tous les petits animaux qui l'entourent. Elle se sent enrichie de beaucoup de paix et vit en parfaite sécurité.

Quatrième vie passée heureuse : une vie où *j'ai connu l'abondance*. Suzanne se retrouve en Angleterre au XVIe siècle dans le personnage d'un riche propriétaire de grand domaine où on pratique l'équitation. Dans ce personnage d'homme d'âge mûr, blond aux yeux bleus, Suzanne retrouve un sentiment de calme et de sécurité, tous les travaux étant assurés par des serviteurs qui s'occupent de tout, sans oublier une nourriture abondante et bien préparée.

S : Lors de la rencontre suivante, à la suite du thème abordé en séance de thérapie, j'ai choisi d'aller chercher deux vies antérieures, dont l'une serait *une vie riante* et l'autre *une vie où j'aurais connu l'abondance*.

Tel que mentionné plus haut, dans le personnage d'un jeune garçon de douze ans, nommé Josuah, je me suis retrouvée en Australie au XVIIIe siècle dans une luxuriante forêt tropicale, entourée de beautés. Tout était enchanteur et tous mes sens étaient stimulés. De plus, j'avais développé des moyens de communiquer avec les oiseaux et les animaux, comme les singes. Je m'y sentais heureux, dans cette sorte de sécurité paisible qu'on a du mal à quitter. C'est au crépuscule que je regagnais la maison, quand le jour baissait et que la vie se faisait silencieuse; alors s'accentuaient tous les plaisirs de l'olfaction. La chaleur humide du soleil couchant décuplait l'arôme des fleurs et des autres végétaux.

Dans la seconde régression, je me vois comme riche propriétaire, montant un magnifique cheval roux, avec plusieurs chiens de chasse. La maison est grande, blanche avec des colonnes. Je porte le nom de Carl. Je suis en Angleterre au XVIe siècle. Étant fortuné, je n'ai donc aucun souci matériel, libre de toutes charges domestiques et autres. Alors j'ai tout mon temps, beaucoup de temps pour faire de mes journées tout ce qui m'enchante : équitation, chasse, etc. Vraiment, c'était l'abondance.

À la suite de cette rencontre, je me sentais plongée dans une douce béatitude. Les jours qui ont suivi étaient imprégnés de calme. Pour me reposer, je revenais à ces images et je me replongeais dans l'état d'âme que j'avais ressenti à ce moment-là. La semaine s'est déroulée dans le calme, la sécurité et l'harmonie avec moi-même. Dans mon travail, j'ai perçu une nette différence dans ma façon d'écouter les gens.

Troisième rencontre avec Suzanne : 5e et 6e vies passées heureuses

Après avoir partagé ces commentaires avec moi, Suzanne se retrouve la larme à l'œil. La tristesse de son enfant intérieur remonte à la surface. Comme ces souvenirs ont été passablement ressassés, je choisis d'orienter sa réflexion dans une autre direction. Je lui fais remarquer qu'il est vrai qu'elle a vécu une enfance très difficile, mais que, d'autre part, c'est elle qui, au niveau de l'âme, a choisi de vivre une enfance où elle n'a reçu aucun encouragement pour développer ses talents, pour développer sa confiance en elle-même, et, finalement, pour apprendre à croire en elle.

Se peut-il, lui ai-je demandé, *que tu aies choisi un tel défi pour te forcer à croire en toi, sans l'aide encourageante d'un encadrement dans ton enfance? Se peut-il que tu aies choisi de développer cette confiance en toi uniquement par toi-même, uniquement par tes propres efforts, de sorte que lorsque tu aurais atteint ce but, tu saurais que tu ne dois tes talents à personne d'autre qu'à toi? Se peut-il que ce soit le but principal que tu veuilles atteindre dans ta vie actuelle, soit une confiance en toi sans faille et sans doute aucun, en développant ta personnalité pleinement, en dépit d'obstacles en apparence insurmontables?*

Cette réflexion rencontre un écho profond chez Suzanne. Graduellement, elle se met à parler d'une question qui la tenaille depuis longtemps, soit son leadership, qu'elle n'ose pas affirmer ou épanouir pleinement, influencée qu'elle est par les interdits de sa mère : *Tais-toi! Ne prends pas de place! Pour qui te prends-tu? Toi, on t'a rien demandé. Tu parleras quand tu auras des choses intelligentes à dire...* etc.

Cinquième vie passée heureuse : Suzanne identifie donc son besoin de retrouver une vie passée où *je me permets d'affirmer pleinement mon leadership avec les autres.*

Elle se retrouve en tant qu'homme, Ben, aux États-unis dans le *Far West*, dans un petit village attaqué soudainement par des Indiens à cheval. La panique s'empare des villageois sans arme et ils courent en tous sens. Ben, rallie les villageois en leur répétant constamment quoi faire, soit de bloquer les rues avec tout ce qui leur tombe sous la main et de faire beaucoup de bruit pour effrayer les chevaux des attaquants. *Notre seule arme est d'affoler leurs chevaux*, dit-il. *Jetez des objets ou des morceaux de linge à leurs yeux et utilisez le feu : les chevaux ont peur du feu. Affolons leurs chevaux. Crions tous ensemble.* Les villageois suivent ses instructions, les chevaux des Indiens sont effrayés et deviennent incontrôlables, ce qui force ces derniers à battre en retraite.

Sixième vie passée heureuse : une vie passée où *j'ai affirmé mon leadership dans tout son éclat.*

S : Il y a plusieurs individus autour d'une table. Ce sont tous des hommes. On a un costume spécial : une chemise à haut col empesé, avant rabattues sur un nœud papillon noir, et un veston noir. Au bout de la table rectangulaire, il y a un homme portant une perruque, comme un magistrat. Je suis en face de lui, à sa gauche, un peu plus loin vers le milieu de la table. Il y a une décision importante à prendre au sujet d'un pays. Il s'agit de la question de l'abolition de l'esclavage. Ça discute fort. Je deviens très animé. J'ai beaucoup, beaucoup de tristesse parce que les gens ne sont pas libres. *Ça ne doit pas être, ça ne doit pas être*, je le répète souvent, souvent. *Il n'y a aucune raison politique qui doit le permettre... sur le plan humanitaire. La liberté, c'est essentiel.* Déterminé, je répète sans cesse ces propos, ce qui fait ma force. Plus ça va et plus il y a de gens qui pensent comme moi. Au début, j'étais seul à le dire. La bataille est acharnée, mais inlassablement, je tiens les mêmes propos, de plus en plus fort. Mon regard est de feu, je regarde chacun dans les yeux quand je parle. Ils ont de la difficulté à supporter mon regard.

La liberté, c'est important, le droit humain le plus important, le droit d'être et d'exister par soi-même. Il est criminel d'asservir des gens. Sans démordre, je réitère ces propos. Je n'attaque pourtant personne. Je suis tellement convaincu que je n'ai pas peur. Je deviens le leader de l'assemblée par la force de mes idées. On arrive à une majorité. L'idée de la liberté a renversé le pouvoir politique. On doit maintenant en tenir compte. C'est la loi du Sénat. Le principe est accepté. C'est irréversible.

Je sens mon corps solide. Je me sens de plomb dans mon fauteuil, comme du métal, à l'abri des coups. Je bouge très peu pendant que je parle mais j'ai les dents serrées. C'est une cause que je n'abandonnerai pas. Je ne sais pas comment, mais je sais que je ne lâcherai pas prise. Personne ne peut appartenir à une autre personne, jamais. C'est la liberté, un droit inaliénable.

La séance est levée. C'est le début d'un grand changement, un nouveau siècle, je crois, la fin d'un scandale, d'un épouvantable crime. Je suis content, très content. J'aime avoir quelque chose d'un libérateur, qui a fait sa part pour devenir un libérateur. J'aime ça. C'est un grand but pour moi : libérer, libérer, libérer.

J'ai posé quelques questions à Suzanne qui ont permis de préciser que son personnage était sénateur américain, lors d'une réunion regroupant les représentants de plusieurs États sur la question du principe de l'abolition de l'esclavage, en 1855. Ce groupe de chefs d'États aurait alors signé un document sur un accord de principe quant à l'abolition de l'esclavage, document à l'origine du 13e amendement voté par le Sénat des États-Unis, 10 ans plus tard.

Commentaires de Suzanne
à la suite de ces régressions

S : Je dois avouer que, jusqu'ici, je nourrissais un doute quant à la *véracité* des vies antérieures que je retrouvais. Je me savais capable de beaucoup d'imagination et donc, capable de tout inventer... Je me disais toutefois, que les résultats validaient bien les moyens.

Mais ces deux dernières régressions m'ont beaucoup bouleversée (dans le bon sens). Comment aurais-je pu imaginer quelque chose d'inimaginable pour moi? D'une part, ne connaissant rien aux chevaux dans cette vie-ci, je fus très surprise de la stratégie utilisée pour sauver mon village d'une attaque : ça demandait une grande connaissance des chevaux pour user de la psychologie de ces derniers afin de les affoler.

D'autre part, la clarté des images et les fortes émotions reliées à la deuxième régression m'ont beaucoup impressionnée, d'autant plus que j'ai toujours accusé une grande faiblesse en histoire. En retournant chez moi, je suis vite allée à la bibliothèque et j'ai retrouvé les éléments historiques qui m'ont confirmé la véracité de cette régression.

Et ce fut la fin de mes doutes.

Depuis ces deux derniers retours dans les vies passées, je puis vous affirmer que je me sens d'une grande solidité envers les autres. Je me sens confortable et en harmonie avec moi. La tristesse est rarement présente maintenant. Mon niveau d'énergie est à la hausse et je suis de plus en plus stimulée dans mon travail. La joie et le rire accompagnent mon quotidien.

Libération des traumatismes issus de vies passées

L'objectif de ce volet thérapeutique est d'aider une personne à se libérer de symptômes issus d'une vie passée. Dans l'exemple cas de Lisette (chapitre 7), le problème d'insomnie retrouvait sa cause dans une vie antérieure. Quand Lisette, conductrice de véhicule public, retrouve une vie passée dans laquelle elle a été enterrée vivante, elle prend conscience de la source de sa peur de s'endormir. Elle peut, dès lors, se rendre compte, au niveau de son subconscient, que cette peur n'a plus sa raison d'être dans sa vie présente et elle retrouve alors le sommeil. Le soir même, elle peut dormir pendant huit heures.

Le chapitre 8, avec l'exemple de Denise qui souffre de claustrophobie, illustre aussi ce phénomène de prise de conscience et des résultats qui en découlent.

Quand Denise trouve l'origine de sa claustrophobie dans trois vies passées différentes où dans chacune elle a vécu un décès traumatisant, elle est alors sur la voie d'une auto-guérison. Je pense que ces exemples illustrent très bien le mécanisme de guérison en cause. Il n'est pas nécessaire de répéter d'autres exemples pour l'illustrer davantage.

Or, dans le cas de Suzanne, je n'ai pas déceler de symptôme dont l'origine se retrouve dans une vie passée. Ses symptômes d'angoisse et de peur du rejet retrouvent leurs sources dans son enfance. Il n'y a donc pas nécessité dans son cas de retrouver une vie passée traumatique. Dans ce sens, la thérapie de Suzanne illustre le fait qu'il n'est pas toujours nécessaire de faire passer un sujet par tous les volets thérapeutiques.

Cependant il existe, pour Suzanne, un fil conducteur lui permettant de retrouver la raison pour laquelle elle a choisi une enfance aussi difficile. Ce fil conducteur représente la suite d'un enchaînement sans fin de cause à effets, qui suivent un individu d'une vie à l'autre. Techniquement parlant, selon la définition classique du terme, je parle ici des liens karmiques qui expliquent l'évolution de Suzanne d'une vie à l'autre.

Le fil conducteur des liens karmiques

Dans un contexte thérapeutique, la découverte des liens karmiques se fait normalement en dernier lieu. Il est vital que le sujet puisse amorcer tout d'abord un processus de guérison; ce processus de guérison dépasse strictement le plan intellectuel. Il se fait, d'abord et avant tout, sur le plan affectif, tout en permettant graduellement au sujet de faire ses prises de conscience. Ainsi, la partie intellectuelle vient compléter la partie émotionnelle. C'est ce qui se passe dans le cas de Suzanne.

Arrivée à l'étape actuelle, Suzanne a accompli plusieurs transformations dans son être. Elle a consolidé son moi au moyen de la visualisation, elle s'est guérie, au moins en partie, des traumatismes de son enfance, en partageant ses peines de petite fille violentée et elle a raffermi sa personnalité en éveillant en elle les ressources développées dans ses vies passées heureuses. Elle est maintenant mûre pour faire face à la question suivante : *Pourquoi a-t-elle choisi une enfance aussi difficile?*

Retour dans une vie passée qui permet à Suzanne de trouver
la raison pour laquelle elle a choisi une enfance difficile

S : Je ressens le vide. Je suis privée de liberté. À la porte se tient une sentinelle, vêtue d'une armure de pied en cap, une grande lance dans sa main, emmurée dans un silence absolu. C'est une pièce construite en pierres. La lumière entre faiblement. J'ai de la difficulté à me voir. Il n'y a pas de stimulation. Cela fait longtemps que je suis là, peut-être plus d'une année. J'ai 23 ans. Je suis une femme. Je porte une robe longue de couleur pâle et un châle de même couleur couvre ma tête. Mon visage est pâle, mince, triste, sans vie. Mes yeux sont sombres, bleu-gris; ils semblent chercher, ils expriment de l'impuissance. Je m'appelle Augustina. Je vis en Italie, en 1025.

Je suggère à Suzanne de reculer dans le temps, à un moment important pour elle, qui lui permette de comprendre ce qu'elle fait dans cette pièce.

S : Je suis assise sur un cheval blanc avec un homme derrière moi sur le même cheval. C'est mon amoureux. Mais il est d'une classe supérieure à la mienne. Il est habillé de blanc et de rouge, avec des épaulettes rouges. Ses parents veulent nous séparer. Ce n'est pas moi qu'ils veulent comme épouse pour leur fils.

À ce moment-ci, elle avance spontanément dans le temps.

S : Je me sens attrapée par derrière. On m'a mis comme un sac sur la tête et on m'amène dans l'endroit où je me suis retrouvée au début. J'ai envie de me laisser mourir. Je n'en peux plus d'être seule, de ne plus pouvoir aimer, de ne plus voir le soleil et les fleurs, de ne plus pouvoir communiquer. C'est la mort. Je me laisse mourir de faim. C'est ma façon de devenir libre.

Maintenant, je vois mon corps par terre. Moi, je suis dans les airs. Je passe devant la sentinelle et je lui dis : *J'ai gagné*, et je passe. Là où l'on m'a arrachée à mon amoureux, mon âme passe aussi et dit :*J'ai gagné et je vais toujours gagner sur vous maintenant.*

À la suite de cette régression, je demande à Suzanne quels liens elle fait avec sa vie actuelle.

S : Il me semble que la mère de mon amoureux est ma mère dans ma vie actuelle. J'ai fait le serment que je gagnerais. Peu importe les obstacles, je vais gagner. La sentinelle est ma grand-mère maternelle actuelle. Je me sens résolue à ne jamais me laisser subjuguer et je vais être forte physiquement et intellectuellement. Je vais être la plus gentille dans tous les sens du terme. Quand, toute petite, ma grand-mère maternelle tentait de m'empêcher de faire ce que je voulais, je passais devant elle sans rien dire, et je partais jouer dans la campagne, je disparaissais toute la journée, ce qui la faisait mourir de peur. Je ne pouvais pas parler avec elle, elle était comme la sentinelle.

Je demande à Suzanne si elle fait des liens entre cette vie passée en tant qu'Augustina en Italie et celle en tant que Sénateur américain, en 1855, où elle a joué un rôle dans l'abolition de l'esclavage.

S : Dans le personnage d'Augustina, j'ai découvert jusqu'à quel point la liberté est importante après en avoir été privée. Cette expérience a déclenché en moi une motivation et une détermination très fortes pour jouer un rôle de libérateur dans l'abolition de l'esclavage. Je deviens bien triste quand je pense à l'esclavage. J'ai froid. Il existe un lien aussi avec ma vie actuelle.

Le travail que je fais en tant que psychothérapeute est de libérer les esprits. J'aide les femmes battues à quitter leur mari, les femmes soumises à s'affirmer, les gens à se situer, à se libérer dans leur tête. Je fais ceci dans la non-violence. Je retrouve aussi un lien avec une autre vie, celle de Ben, dans le Far West aux États-unis. Dans cette vie, j'aide les gens du village, dans la non-violence, à faire échouer une attaque et à ne pas se laisser subjuguer. En réfléchissant à ceci, c'est comme si je retrouvais un fil conducteur dans plusieurs de mes vies passées, le fil conducteur de la liberté pour moi-même et le fil conducteur dans un rôle de libérateur pour les autres.

Mon enfance a été une épreuve que j'ai choisie pour m'affermir, pour apprendre à devenir plus rusée que l'autre, pour apprendre à ne pas me faire attraper, pour me fortifier dans ma liberté et dans mon rôle de libérateur. Je me rends compte que cela est vraiment pour moi, dans beaucoup d'attitudes dans ma vie.

Par exemple, quand je participe à des réunions où des décisions importantes doivent être prises, je me retrouve souvent à jouer un rôle de leader pour faire progresser le débat. Mais jamais, je n'attaque qui que ce soit. J'aide le groupe à franchir des barrières, à passer par-dessus les préjugés, à évoluer. Je le fais toujours dans la non-violence, en utilisant l'humour de façon imagée, de sorte que les gens peuvent rire de leurs erreurs, sans se sentir attaqués. Cela leur permet ainsi de passer à autre chose, sans le sentiment d'avoir échoué, de toujours avancer dans quelque chose de nouveau.

Présentement, en prenant conscience de tous ces facteurs, j'ai l'impression de me réconcilier avec mon enfance. Elle devient, tout à coup, moins pénible, moins douloureuse. Je me sens comme un athlète qui a dû passer par un entraînement très intensif, parfois douloureux, pour gagner une médaille d'or aux

Jeux olympiques. Les souffrances deviennent moins importantes.

Ma médaille d'or de libérateur me remplit de joie et me motive à continuer dans cette direction. C'est tout le sens de ma vie que je retrouve et avec lequel je me réharmonise. C'est vraiment très agréable et, devrais-je dire, très libérateur.

| *Commentaires écrits de Suzanne à la fin de sa thérapie* |

S : J'ai bouclé mon enfance. Quand je regarde en arrière, je n'éprouve plus de peine. Je suis sortie de ça, comme s'il s'agissait de quelqu'un d'autre. J'en suis devenue indifférente. La rétrospection douloureuse est terminée, lavée (elle pleure). Je vois ça, maintenant, loin derrière. Je me sens enfin libre. Je respire bien, beaucoup mieux.

Ce qui m'intéresse maintenant, c'est l'avenir. J'ai envie d'autres projets, d'autres défis. Je veux aller de l'avant, créer, innover, «bousculer», provoquer : toujours du nouveau, du renouveau dans ma vie... me passionner.

Je veux écrire. Tout ce qui me passe par la tête. Je ne veux plus rien retenir...

| *Réflexions sur les régressions de Suzanne* |

Plusieurs questions fort intéressantes émergent à la suite de ces différentes régressions de Suzanne. La première série de questions qui me vient à l'esprit est reliée à sa dernière régression. Dans celle-ci, Suzanne, dans le rôle d'Augustina, se laisse mourir de faim. Elle le fait pour conserver sa liberté. Cependant, «avait-elle le droit» de mettre fin à ses jours, même si l'épreuve était difficile? Est-ce pour cela qu'elle a dû vivre une enfance difficile dans cette vie-ci pour continuer l'épreuve jusqu'à sa consommation? Ou bien, est-ce simplement pour se stimuler à développer sa personnalité au maximum de sa créativité?

Voici, une deuxième série de questions. Est-ce qu'une personne qui endosse le rôle de libérateur dans différentes vies serait une âme très évoluée? Dans ce sens, est-ce que cette âme en serait rendue au terme, ou presque, de ses incarnations? Serait-ce le cas de Suzanne? Elle se décrit dans le rôle de plusieurs personnages qui ont joué le rôle de libérateur, sans violence, dans leur environnement.

Ce rôle de libérateur est un rôle que plusieurs humains ont joué au cours de leur vie. On peut penser à un individu comme Gandhi, qui a joué un rôle vital dans la libération d'Inde du joug de l'Empire britannique. Je mentionne Nelson Mandela qui guide son peuple dans la direction de l'émancipation et de la dignité. Je vous soumets le nom de Mère Teresa qui a fondé un mouvement voué à l'aide humanitaire, dans le rôle particulier d'aider les mourants à passer dans l'au-delà, dans la dignité. Je souligne les rôles fantastiques de Bill et Bob, les fondateurs du mouvement des Alcooliques Anonymes, un mouvement qui a aidé des millions de personnes à se libérer de la dépendance à l'alcool. Et, il existe de nombreuses autres personnes, moins connues, qui ont joué ce rôle de différentes façons. La liste est probablement infinie.

On ne peut douter que de tels individus aient joué un rôle crucial dans l'évolution de l'humanité. Nous sommes sans doute de ce nombre dans notre milieu. Nous exerçons à notre manière un leadership dans notre domaine, à notre façon unique, faisant avancer l'humanité d'un petit cran. Nous le faisons peut-être plus humblement ou de façon moins spectaculaire que d'autres. Un peu plus humblement, comme Suzanne l'a fait, en suivant l'inspiration intérieure qui nous guide, vers des actions dont l'impact est important. Car, il s'agit aussi de nous rendre compte que c'est l'ensemble de toutes les actions que nous posons qui permet à cette humanité d'aller de l'avant.

Lorsqu'une âme en arrive à faire le choix d'être un libérateur pour l'humanité, elle doit être rendue à un stade très avancé de son évolution sur terre. Mais ce qui est plus important encore est de réaliser, dans la réflexion qui nous unit tous au niveau de la croyance exprimée dans ce livre, que nous sommes habités d'un sentiment particulier.

Nous sommes tous liés par une curiosité à nous connaître nous-mêmes, à découvrir le sens de nos vies. Nous sommes tous liés par un désir de nous aimer nous-mêmes davantage. Et, quand nous prenons davantage conscience de ce qui nous motive fondamentalement à aller de l'avant, nous commençons, alors, à toucher du doigt l'émotion d'amour qui nous lie tous, les uns aux autres. Nous devenons conscients de notre solidarité.

Il y a là matière à réflexion; réflexions qui invitent à explorer toujours plus, pour mieux comprendre la raison d'être de la vie sur terre. En dépit de toutes mes lectures et de mes expérimentations dans ce domaine, je me pose encore de nombreuses questions. Il faut espérer que les recherches faites dans le domaine des vies passées permettront, éventuellement, de répondre à plus d'une question sur le mystère de la vie sur terre.

Chapitre 10

Vies passées heureuses

retrouvées en groupe

Dans les neuf premiers chapitres, nous avons exploré ensemble le sujet du retour dans des vies passées, sur une base individuelle et dans une optique thérapeutique. Nous sommes devenus familiers avec les principes et les mécanismes en cause. Je voudrais maintenant vous introduire à la régression dans les vies passées, cette fois-ci dans un contexte de groupe et dans une optique de croissance. C'est un volet qui est appelé à prendre un essor important dans un avenir prochain. Précisons qu'en groupe, il n'est question que de vies passées heureuses.

Pourquoi en suis-je venu à travailler avec des groupes? Simplement, parce qu'après plusieurs années de pratique individuelle, une voix intérieure s'est de nouveau fait entendre en m'inspirant une nouvelle façon d'aider un plus grand nombre de personnes. La formule de groupe permet de réduire les frais individuels et donne ainsi à plus de gens l'occasion d'accéder à une telle possibilité.

Au premier abord, plusieurs problèmes techniques semblaient insolubles. J'ignorais si les régressions en groupe étaient vraiment possibles. Malgré tout, j'ai conçu un programme de groupe de dix rencontres, à raison d'une par semaine, avec l'accent unique sur des vies passées heureuses. Puis, j'ai invité un groupe d'amis à en faire l'expérience.

Dès la première rencontre, la réponse fut positive. La régression du participant, qui, le premier, nous raconta son aventure, se révéla d'une qualité exceptionnelle. Il avait choisi comme thème, la joie de vivre. Il se revit en Inde, lors d'un défilé d'éléphants, dans le personnage d'un jeune Indien, le sourire fendu jusqu'aux oreilles, excité par le spectacle et courant d'un éléphant à l'autre. Le côté particulier de cette régression tenait en sa qualité de précision aux niveaux visuel, kinesthésique, auditif et olfactif. Même en entrevue individuelle, une telle qualité de régression est rare.

Dès ce moment, je savais que la partie était gagnée. Et quand, la semaine suivante, ce même participant nous racontait qu'il avait conservé son sourire communicatif, j'ai commencé à entrevoir le potentiel de cette formule. Il s'agissait, dès lors, de continuer à l'expérimenter pour la parfaire.

| Structure des groupes et techniques de régression |

Les groupes sont limités à dix participants. Cela est important pour deux raisons. Premièrement, chacun a besoin de temps pour échanger et poser des questions, avant et après la régression. De plus, une période de temps est réservée, par la suite, pour permettre à chacun de partager les merveilleuses aventures qu'il vient de vivre. Deuxièmement, quelques-uns éprouvent parfois certaines difficultés techniques lors de la régression. Dans un tel cas, il est entendu avec le groupe que la personne en question fait signe à l'animateur qui s'approche alors d'elle et, en échangeant à voix basse, la remet sur la bonne piste. Il est possible que le nombre d'individus dans le groupe pourrait être augmenté jusqu'à quinze. Par contre, vingt serait définitivement un nombre trop élevé pour cette formule.

Pour aborder, en groupe, l'exploration d'une vie passée, le procédé est le même qu'en entrevue individuelle : en état de relaxation, puis, par la technique d'accès à une vie passée, chacun, simultanément, entre dans *une vie passée heureuse*, selon le thème qu'il a choisi précédemment durant la discussion en groupe. Cela étant fait, la régression terminée, dès qu'ils se sentent prêts, ils ouvrent les yeux et, écrivent dans leur cahier les souvenirs retrouvés. À la fin, comme dans une séance individuelle, le participant superpose l'image de son personnage du passé à celle de sa personne actuelle, puis visualise dans sa vie présente cette nouvelle image de soi.

Avec cette formule, la nouveauté consiste en ce que le sujet ouvre les yeux et écrit immédiatement ce qu'il retrace dans sa mémoire. Aussitôt écrit ce qu'il a retrouvé, il peut refermer les yeux pour continuer son voyage dans le temps, puis, les ouvrir de nouveau pour consigner ses souvenirs. C'est aussi simple que cela. Ajoutons qu'à mesure que le groupe évolue, le temps de régression, 20 minutes, est graduellement augmenté à 45 minutes.

Comparativement à la séance individuelle, où plus de 95 % des gens réussissent, le taux de succès dans la méthode de groupe atteint environ 90 %. Ceux qui n'y parviennent pas sont confrontés à deux phénomènes. Premièrement, ce sont habituellement des gens qui ont fonctionné dans la vie en donnant la presque exclusivité à la partie logique et volontaire de leur être. Cela ne leur permet donc pas de s'ajuster facilement à ce domaine de l'intuition et du subconscient. Deuxièmement, ils sont rapidement confrontés aux succès de la majorité des participants et à l'enthousiasme débordant du groupe. Ils tendent, alors, à tomber dans le piège du doute de soi, en se comparant négativement aux autres. Ils quittent souvent dès la deuxième rencontre, convaincus qu'ils sont incapables de vivre une régression. Pourtant, s'ils persistaient, il est probable qu'au moins la moitié d'entre eux y parviendraient.

***Les cinq premières rencontres :
cinq thèmes positifs de régression***

Lors de chacune des cinq premières rencontres, les participants sont invités à choisir, selon leurs besoins, un thème positif de régression. Ils sélectionnent une qualité ou un talent qu'ils veulent retrouver dans une vie passée heureuse, dans le but de la réactiver dans leur vie actuelle. L'animateur leur soumet un menu de qualités où ils peuvent faire un choix : confiance en soi, sens de l'humour, capacité de s'exprimer, joie de vivre, etc. Cette liste est proposée uniquement à titre suggestif. Ils peuvent opter pour d'autres sujets qui leur conviennent mieux selon leurs besoins personnels. Le dirigeant du groupe aide à clarifier leurs besoins et à dégager le thème correspondant. Le groupe a le choix d'un thème commun ou d'un thème différent pour chacun des participants.

Lors de la première rencontre, les participants franchissent la frontière de l'inconnu. Ils ont donc besoin d'un minimum d'explications et de préparation pour se retrouver dans ce monde tout à fait nouveau, ce qui est fait, avant la régression. Au moment du retour dans une vie passée, ils ont besoin d'encouragement et d'un certain *coaching* pour les aider à surmonter leurs peurs ou leurs doutes. Par exemple, lors des deux premières rencontres, j'ai tendance à leur répéter à quelques occasions : *Faites-vous confiance et maintenez votre concentration*. Dans les rencontres subséquentes, cela n'est plus nécessaire. À mi-chemin dans le programme, habituellement, la majorité des sujets en viennent à se sentir aussi à l'aise dans la régression qu'un poisson dans l'eau.

L'impact de ces régressions est aussi valable, sinon plus, en groupe qu'en privé. Techniquement, la façon de retracer un talent passé, qu'elle se fasse en groupe ou individuellement, est la même : cela se passe à l'intérieur de l'individu, dans son monde intérieur. Il faut se placer dans une situation de groupe où les individus ont un très grand plaisir à partager leurs trouvailles, se fortifiant les uns les autres dans la crédibilité de cette nouvelle aventure, particulièrement durant les semaines subséquentes, quand ils prennent conscience de l'impact sur leur vie actuelle. La dynamique de groupe qui s'ensuit accentue chez chacun sa sensibilité au réveil de ses ressources cachées et oubliées.

Après cinq séances, quand on demande aux participants de décrire l'impact de ces expériences sur leur vie actuelle, les mots ou les phrases qui reviennent souvent sont les suivantes : *Je me sens plus solide, plus ferme. J'ai l'impression que ma personnalité est affermie. La culpabilité est disparue. Mes doutes de moi-même sont partis. Je me sens plus fort. L'anxiété n'est plus là. Le sourire est plus présent. Je prends les choses plus facilement. J'ai davantage confiance en moi-même. J'ai plus d'assurance. Je suis plus calme au travail. Je suis plus persistante devant les difficultés. Ma concentration s'est améliorée. Mon sommeil est plus profond, etc.*

Il se passe parfois aussi d'autres phénomènes qui ont rapport à certains talents particuliers que le participant retrouve. Ces phénomènes sont d'autant plus surprenants, qu'ils sont tout à fait inattendus.

Des employés de banque décidèrent lors d'une rencontre, de choisir le thème commun de *l'expression de soi dans les arts*. Ils eurent beaucoup de plaisir, par la suite, à se raconter leurs découvertes. L'un s'est revu en danseuse de flamenco, un autre, en joueur d'accordéon et un troisième, en artiste femme spécialisée dans l'artisanat. Ils témoignèrent plus tard de l'impact produit par cette rencontre sur leur vie actuelle; se sentir mieux reliés à leurs propres inspirations artistiques.

L'une des participantes, Brigitte, se retrouva dans le personnage d'un pianiste émérite en train de jouer un concerto de Beethoven. Or, dans sa vie actuelle, elle avait commencé, deux mois auparavant, à prendre des leçons de piano. L'impact de ses retrouvailles avec son personnage de pianiste fut un bond en avant dans la qualité de sa technique, ce que confirma son professeur, qui ne savait rien de tout ceci, en lui faisant sauter un cahier de leçon la semaine suivante. En apprenant cela, les membres du groupe furent à la fois éberlués et renforcés dans leur croyance en la valeur de ce processus de croissance.

Cet échange dans le groupe se fit dans la joie et le rire; souvent, les participants s'amusaient follement quant aux différentes découvertes de chacun. Après tout, quand on est un caissier de banque sérieux et qu'on se retrouve, tout à coup, dans le rôle d'une danseuse de flamenco, on a le droit d'être étonné. Cependant, il doit s'attendre à provoquer le rire de ses compagnons de groupe, qui s'amusent alors à l'imaginer ainsi à son travail.

```
            Sixième rencontre : le plan de vie
```

Dans le contexte de la croyance en la réincarnation, il faut se rappeler, qu'avant sa naissance, chacun planifie les différents défis qu'il veut rencontrer durant sa vie, en vue de son évolution personnelle. Cette planification se fait dans une dimension différente que celle dans laquelle nous vivons actuellement. Si chacun oublie habituellement cette planification sur le plan du conscient, elle n'en reste pas moins *imprimée* dans son subconscient. Elle continue de se manifester par les inspirations intérieures dans sa vie présente.

La sixième rencontre vise à aider le participant à se rappeler son plan de vie afin de lui permettre de se resituer par rapport à celui-ci. Il ne s'agit pas ici de supposer que tout le plan de vie au complet puisse lui être révélé. Certains éléments importants peuvent l'être, permettant à l'intéressé de clarifier les questions qu'il se pose par rapport au sens à donner à sa vie et favorisant ainsi une accélération de son évolution.

De plus, comme le participant vient de retrouver cinq vies passées différentes, il a développé une nouvelle conscience de lui-même et il est préparé à s'ouvrir à cette dimension. Cette sixième rencontre n'est pas la plus électrisante. Certaines des questions posées ont déjà été envisagées par plusieurs. Habituellement, les réponses apportent une précision à plusieurs interrogations, en apparence, contradictoires. Une plus grande harmonie dans la compréhension de soi en est habituellement le résultat.

Certains des lecteurs qui connaissent Helen Wambach vont réaliser que plusieurs des questions soulevées au cours des rencontres ont leur origine dans son livre : *La Vie avant la vie*. Cette auteure m'a inspiré dans mes démarches et je lui dois beaucoup. Il faut cependant souligner que les questions posées à mes clients le sont dans un contexte différent : celui d'un programme de croissance de dix rencontres axé, avant tout, sur le rappel de vies passées heureuses.

Sur le plan technique voici ce qui se passe. Comme d'habitude, pour les membres du groupe, c'est d'abord l'état de détente, puis, ils sont dirigés dans leur mémoire vers les moments précédant leur naissance. Ils sont alors en contact avec leur âme et capables de se souvenir de certains aspects de leur plan de vie. Une série de questions, établie avant la relaxation, leur sont alors posées. Après chaque question, il y a une pause de trois minutes, pour permettre à chacun de recevoir la réponse et de l'écrire dans son cahier.

Les réponses relèvent du domaine de l'intuition. Elles viennent habituellement sous forme de pensées, d'images, de sons, de paroles entendues. Certains individus ont parfois l'impression très nette que les messages reçus parviennent de leur âme. Quelquefois, les réponses sont tout à fait inattendues, alors que d'autres fois, elles sont déjà pressenties par la personne. Comme on peut s'y attendre, la variété des réponses est infinie.

Questions habituellement posées en rapport au plan de vie :

– Pourquoi avez-vous choisi de naître comme homme ou comme femme?, de votre mère?, dans votre famille?

– Pourquoi avez-vous choisi de vivre dans le pays dans lequel vous vivez?, en cette fin de XXe siècle?, avec votre conjoint ou sans conjoint?, avec vos enfants?

– Pourquoi avez-vous choisi d'exercer votre profession ou votre métier actuel?, certaines activités particulières?

– Quels sont les principaux défis que vous avez choisis dans votre vie actuelle?

Autres questions parfois suggérées préalablement par les participants :

– Pourquoi ai-je choisi le tempérament que j'ai?

– Pourquoi ai-je choisi le type d'intelligence que j'ai?

– Pourquoi ai-je choisi tel talent particulier?

– Quelle est la qualité la plus importante à développer pour moi?

Les réponses qu'obtiennent les clients lors de la sixième rencontre varient considérablement. Toutefois, pour en illustrer les résultats, voici dans le cas d'une participante les réponses obtenues à quelques questions-thèmes.

Le choix de mon incarnation comme femme :
— Il est plus difficile de s'affirmer comme femme; j'ai voulu faire ma part dans l'évolution de l'affirmation de la femme.

Le choix de ma mère :
— Je n'étais pas désirée. Je veux prouver que je suis quelqu'un quand même et je veux atteindre cet état d'acceptation de moi-même par moi-même dans ma vie, pour me prouver que je peux faire face à l'adversité.

Le choix de ma famille :
— Pour prouver que je suis différente au niveau spirituel, au niveau de la pensée, pour me découvrir dans les différences avec les membres de ma famille.

Le choix du conjoint :
— Il a confiance en lui-même, il m'incite à me dépasser. Il y a complémentarité. Je lui apporte une certaine force en allant au bout de mes idées, même si ça le contrarie.

Le choix de vivre au Québec :
— J'aime l'automne, l'air pur des Laurentides.

Le choix de la fin du XXe siècle :
— Pour voir autre chose. Le contact social y est facile.

Le choix d'un défi particulier :
- Aider les gens à se rencontrer socialement, surtout les personnes âgées, au moyen de soirées dansantes par exemple.

Voici maintenant les commentaires généraux de deux participantes arrivées à cette étape du programme. Ces deux personnes sont âgées respectivement de 71 et 74 ans. Ces deux personnes, Paulette et Françoise, en faisant ensemble cette expérience, ont appris à se connaître et sont devenues de grandes amies. En revisant mes notes, j'ai constaté qu'elles avaient choisi les mêmes thèmes de régression dans les sept premières rencontres.

Thèmes choisis par Paulette et Françoise lors des sept premières rencontres :

1. La confiance en soi.
2. La capacité de s'exprimer.
3. Le droit de penser à soi.
4. Une vie passée où je me suis sentie profondément aimée et estimée.
5. La tolérance au rejet.
6. Le plan de vie.
7. Comment avoir la volonté de ne pas s'inquiéter?

À cette étape, il n'est pas nécessaire de faire un rapport des vies passées que ces deux clientes ont retrouvées. Il est important de connaître la métamorphose qui s'est opérée en chacune d'elle. En notant leurs exposés, remarquons que le scepticisme et les hésitations de Paulette, au début, font place à l'évolution. Constatons le changement qui s'opère chez ces deux personnes d'un certain âge, un âge qu'on associe trop souvent à l'inflexibilité et à la sclérose de la mentalité. Pourtant, cette transformation s'est faite tout naturellement. Ces deux dames ont simplement permis à leur inspiration intérieure réactivée de créer cet éveil en elles.

Qui est Paulette? Paulette est une petite femme aux cheveux blancs, âgée de 71 ans, divorcée de son mari depuis 14 ans, plusieurs fois grand-mère, sans métier particulier, pas très riche, plus intelligente qu'elle ne le croit. Elle portait encore sur ses épaules le joug d'une éducation familiale (celle de sa propre enfance) où les enfants n'étaient stimulés ni dans leur estime de soi ni dans leur confiance en soi. Dans la lettre suivante, on remarque le courage sous-jacent qu'il lui a fallu pour s'engager dans une telle démarche. C'est tout à son honneur.

Le 7 juin 1993, 7e rencontre

Après une conférence de Pierre Dubuc, *Retrouver vos vies passées heureuses,* à laquelle j'ai assisté, je voulais bien faire confiance au conférencier, mais malgré maints exemples donnés par des personnes qui croient aux vies antérieures, je demeurais sceptique.

Après mûre réflexion, je me décide, par curiosité d'abord et, ensuite, pour ma propre satisfaction, de suivre la séance de groupe que Pierre Dubuc nous propose : dix cours, un par semaine. C'était vraiment spécial pour moi de m'engager ainsi dans l'inconnu.

Au début des quatre premiers cours, je n'arrivais pas à me comprendre. Disons que je manquais de confiance en moi. J'avais peur du ridicule, mais d'une semaine à l'autre je me sentais transformée, je sentais des changements en moi, je me le faisais dire aussi par mon entourage. Maintenant, je m'affirme, je dis ce que je pense sans me sentir coupable et je suis devenue un boute-en-train dans les rencontres sociales. Enfin, j'ai décidé que je ne perdais ni mon temps ni mon argent, au contraire, que j'avais tout à gagner en continuant.

J'en suis maintenant à mon 7e cours terminé et, quelle expérience je vis! J'ai 71 ans et je suis très heureuse d'avoir compris aussi vite ce que ces cours signifient. Je voudrais le crier tout haut pour me faire entendre par toutes les personnes qui, par leur scepticisme, se privent de tenter l'expérience. C'est difficile d'exprimer tout ce que je ressens. Je vois venir la fin de ces cours et j'en suis peinée.

Je remercie les personnes qui m'ont incitée à pousser ma curiosité jusque-là. Je remercie bien sincèrement l'animateur qui a si bien su m'encourager dans cette aventure très agréable et enrichissante.

Paulette

Prenons maintenant connaissance de la lettre de Françoise, une veuve de 74 ans, qui m'a écrit ces lignes après la 8e séance. Son message fait ressortir le contexte de sa vie; son seul métier a été celui de mère de famille et maintenant, celui de grand-mère; veuve depuis cinq ans d'un mari surprotecteur, elle trouvait difficile la solitude qu'elle devait vivre.

Le 14 juin 1993

Quel changement s'est opéré en moi! La confiance me revient et je me donne le droit de penser à moi sans me sentir égoïste. Et savez-vous quoi? Je suis capable de m'exprimer devant un auditoire sans être timide et les paroles me viennent toutes seules. N'est-ce pas merveilleux ça? Merci, mon Dieu! Ce n'est pas tout, je suis ferme dans mes opinions et je suis indépendante. Je ne me laisse plus abattre par le malheur des autres et je peux quand même les aider.

Je m'aime, donc j'envoie beaucoup d'amour à mes enfants et à tous ceux et celles qui m'entourent. Et, aussi, j'aime ma solitude maintenant. N'est-ce pas merveilleux.

Plongée dans une telle aventure je me sens tellement heureuse et jeune malgré mes 74 ans. [...]

Françoise

Voilà un compte-rendu «rafraîchissant», même si ce qualificatif est habituellement associé à un enfant et non pas à une personne aînée. Il faut dire que ces deux lettres témoignent du fait que les personnes âgées peuvent continuer à évoluer beaucoup plus que la société ne l'a imaginé jusqu'à maintenant.

> *Les quatre dernières rencontres :*
> *l'exploration sous forme de questions*

Normalement, quand les participants atteignent cette étape, ils maîtrisent bien la technique d'accès aux vies antérieures. Ils deviennent plus curieux et plus créateurs dans la façon d'aborder le sujet. Occasionnellement et spontanément, ils utilisent cette technique dans leur vie quotidienne pour y puiser les forces intérieures qu'ils possèdent. Durant les rencontres, ils commencent à exprimer leurs besoins de trouver des réponses à certaines questions personnelles.

L'heure est alors venue d'offrir un nouveau menu. Il s'agit d'une liste de questions dans laquelle ils peuvent puiser un thème de régression. Cela est fait à titre suggestif évidemment et ils ont toute liberté de choisir ce qui leur convient le mieux. Le participant peut utiliser la richesse de ses expériences passées, de ses vies antérieures, pour trouver réponse à une question personnelle qui le tenaille.

Voici quelques-unes de ces questions :

- À quoi sert la vitesse quand on est capable de prendre son temps?
- Comment avoir la volonté de ne pas s'inquiéter?
- Qu'est-ce qui m'inspire dans le choix d'une nouvelle carrière?
- Mes malheurs sont-ils vraiment des malheurs?
- Comment répondre à mon besoin de solitude et de vie à deux?
- Qu'est-ce qui me trouble quand je parle à quelqu'un qui m'intimide?, etc.

Parfois, à la grande surprise des participants, ils obtiennent de cette façon des réponses de leurs diverses expériences du passé, expériences qui font partie de leur moi intérieur. Les réponses obtenues varient beaucoup d'une personne à l'autre. Ce qu'il faut cependant dire sur cette dernière étape du programme de groupe est qu'elle semble approfondir, chez chacun des participants, une découverte de leur moi intérieur, où ils apprennent à puiser un renouveau de force et de sérénité, qui tend à se répercuter dans leur vie personnelle.

Voici quelques témoignages :

Le cours sur les vies antérieures m'a révélé la puissance inconnue des personnages qui sommeillent en moi. Lorsque je vis des événements ennuyeux ou désagréables je me réfère soit à l'un ou à l'autre de mes personnages et j'y puise la force dont j'ai besoin pour objectiver la situation présente. Lors de mes visualisations dans le monde de mes vies antérieures, j'ai pu revivre des émotions inexprimables sur la connaissance de mon moi intérieur.

Rachelle

Parler d'une expérience qui vous fait rire, ou sourire, et qui vous remplit le cœur de chaleur, à la bonne heure! C'est ce qui m'est arrivé en faisant l'expérience de vies passées heureuses. J'ai pu constater que la connaissance ou la croyance de l'existence de vies antérieures n'est pas un préalable pour espérer voir et percevoir des changements étonnants dans l'évolution de votre être intérieur. C'est une expérience qui vous métamorphose en profondeur et qui vous permet, à l'occasion, de ressentir cette réalité d'amour total avec vous-même ou, si vous voulez, de toucher votre âme afin d'élargir votre conscience. Peut-être, reconnaîtrez-vous, en vous, des forces insoupçonnées qui vous réjouiront agréablement tout en vous apportant des bienfaits durables dans votre vie.

Jean

J'ai beaucoup aimé retrouver mes vies passées heureuses, parce qu'elles m'ont été salutaires et enrichissantes; salutaires, parce que cela m'a permis de retrouver en moi des ressources ignorées; enrichissantes, parce que j'ai pu les partager avec les autres membres du groupe. Au début, il m'était difficile de voir les choses précisément; je les sentais sans toutefois les voir. Au fur et à mesure de ces rencontres, j'ai pu reconnaître davantage ce que je voyais et ce que je ressentais. Ces expériences ont renforcé les qualités que je possédais déjà et m'ont apporté un bien-être et une joie immenses. Ces sentiments se sont prolongés tout au long des semaines qui suivirent nos rencontres et ont eu un effet percutant sur mon entourage qui a vite remarqué des changements (visage plus souriant, mieux dans ma peau). Retrouver ses vies passées heureuses, c'est un peu retrouver de vieilles connaissances enfouies au-dedans de nous depuis des millénaires et qui attendaient qu'on leur fasse signe.

Lucille, Montréal, le 29 juin 1993

CONCLUSIONS

En guise de préliminaire à ma conclusion, voici les témoignages de deux clients; l'un en thérapie individuelle et l'autre au programme de groupe.

Rétrospective de l'approche individuelle par Suzanne

Voici donc en premier, la conclusion de Suzanne (chapitre 9) en ce qui a trait à la méthode de thérapie individuelle.

Depuis que je suis en âge de penser et de raisonner, je me suis toujours sentie aux prises avec une multitude de contradictions et d'absurdités. Ce que je voyais, ce que j'apprenais, ce qu'on nous enseignait, créaient en moi un tourment grandissant avec les années. Pour avoir étudié les grandes religions, l'histoire des civilisations et les méandres de l'âme humaine par la psychologie, je savais qu'il se trouvait un fil conducteur dans tout cela, mais lequel? La souffrance, les injustices criantes autour de nous, étaient incompatibles avec ce Dieu bon, juste et miséricordieux, et j'étais loin de croire que j'arriverais à devenir parfaite comme le Père céleste! Donc, enfermée dans une impossibilité de sortir gagnante de tout cela!

Je crois que si mon esprit ne trouve pas le repos, c'est qu'il est à la recherche de vérités qu'il ne peut trouver dans une conceptualisation limitative. Essayer de tout s'expliquer par la seule vérité actuelle de ma petite vie présente est pour moi une chimère! Plus jeune, par mes études en science physique et en mathématique, j'ai pris conscience de l'infinie complexité de la création et j'en ai été émerveillée! C'est un grand péché que de tout ramener à notre simple entendement!... C'est au fil de notre propre évolution que nous pénétrons peu à peu les grands mystères des plans divins... Nous avons été créés *potentiellement* intelligents et libres... Le devenir, ça nous revient! Et n'oublions pas que tout changement, toute amélioration, toute évolution s'amorcent toujours par des personnes qui sortent des sentiers battus!...

En faisant plaisir à nos curiosités, nous prenons le beau risque d'aller vers cette lumière qui nous sollicite et nous attire.

Ces vingt dernières années, je me suis beaucoup intéressée à l'hypothèse des réincarnations multiples. Je lisais tout ce qui me tombait sous la main à ce sujet... Depuis environ cinq ans, j'entendais parler de retour dans les vies antérieures et ça m'attirait beaucoup. L'année dernière j'ai eu cette grande chance de pouvoir en faire l'expérience sur une période d'environ six mois. Je connais actuellement une grande délivrance intérieure qui a changé toute ma relation avec la vie!

Bien sûr que cette dimension, avec toute la nouveauté qu'elle véhicule, provoque et choque les *hérétiques* en quête de preuves concrètes ou de décrets orthodoxes! Ces preuves n'existent pas car cette dimension est d'un autre ordre et ne se prête pas aux examens empiriques que nous connaissons. Cependant, nous pouvons nous référer, sans crainte d'errer, aux résultats obtenus dans ce qu'ils ont de profond et de durable.

D'ailleurs n'est-il pas dit dans l'Évangile que *c'est à ses fruits que nous reconnaissons l'arbre*? Il est dit aussi que *la vérité libère*.

Je peux affirmer, avec toute la force de ma certitude intérieure, que les retours dans des vies passées m'ont apporté beaucoup de paix, de sérénité et de contentement. J'ai, sans aucun doute, puisé des forces, des talents, des vertus développés dans des vies antérieures, ce qui m'a permis de dépasser les vilaines traces de mes malheurs d'enfance. Retrouver des vies passées heureuses a guéri les grandes blessures que je peux actuellement me remémorer sans émotions particulières, comme si c'était arrivé à quelqu'un d'autre!

L'utilisation des retours aux vies passées comme levier thérapeutique est un mouvement irréversible, qui n'a pas besoin des appuis corporatifs pour assurer sa survie et sa crédibilité.

Suzanne, 25 juillet 1993

Croissance, par les vies passées heureuses, dans un contexte de groupe

Passons maintenant la parole à Raoul, âgé de trente-cinq ans, contremaître dans une usine de fabrication de matières plastiques de Montréal. Il a participé au programme de groupe sur les retours dans des vies passées heureuses. Il nous communique ses réflexions par rapport à ce volet de la croissance.

Réflexions de Raoul :

Une percée dans les pérégrinations de l'âme ou les pèlerins de l'âme.

Cette approche personnelle et créative dans l'incursion de vies passées heureuses, dont Pierre Dubuc est l'instigateur, s'avère simple, sérieuse et unique.

Au rythme de chacun et dans une ambiance d'humour et d'amour, chaque séance de groupe apporte quelques reconnaissances (ré-actualisations qui mènent vers des prises de conscience) pertinentes quant à la démarche actuelle des participants et à la *guérison* dans diverses situations vécues telles que maladies, relations, mal-être, orientation, etc. C'est donc dire que l'approche vise surtout la recherche du mieux-être en soi et les retrouvailles avec les désirs secrets de son âme.

Le but de l'exercice ne vise nullement à épater ou à privilégier la performance (comme on le voit fréquemment dans cette ère de nouvel âge, trop souvent exploitée par des faiseurs d'or ou des matérialistes soi-disant spirituels, dont l'ego s'empare). Enfin, disons que l'approche de notre ami Pierre invite à la découverte, à l'aventure, à la saine curiosité du subconscient par le jeu de l'enfant joyeux que chacun porte en soi. Il y a plusieurs moyens d'y arriver. Ici, nous utilisons la relaxation en état *alpha,* dans la confiance et la concentration.

Durant la séance, le participant prend conscience, reconnaît, retrouve des qualités déjà acquises (confiance, joie, sérénité, courage, humour, etc.) à travers des épisodes heureux de vies passées... et ce, grâce à la case-mémoire mise en jeu par la relaxation.

Résultat : il se rend compte qu'en lui existe ces qualités. Cela a pour effet de mettre en branle un processus de transformation dans les jours et semaines qui suivent. Souvent, il ressent immédiatement la magie de ce qui lui appartient déjà! Il y a métamorphose en soi. C'est subtil mais réel, et il n'est pas rare que l'entourage le remarque. Le participant se sent rajeuni, plus calme, plus tolérant, affirmatif, épanoui, enfin il y a quelque chose qui a changé, en mieux. C'est ce que je remarque chez moi, et les autres participants corroborent ce résultat, au bout de quelques séances.

Bref, la technique, par son investigation ressentie et réflective, permet d'éclaircir notre situation actuelle; elle nous sensibilise à l'acquis en soi, que notre âme nous refile généreusement, à travers les différents personnages que nous fûmes à d'autres époques.

C'est si peu dire que nous avons plusieurs vies à notre devis de l'âme. Au delà de l'illusion, de l'éphémère et du doute (non-sens) auxquels est confrontée une bonne majorité des habitants de cette planète dans la vie présente... peut-être notre âme veut-elle nous montrer que nous vivons un éternel présent et que SEULS l'acceptation reconnue, le pardon vécu envers soi, la bonté, l'AMOUR peuvent nous réconcilier avec la vie. De l'ombre à la lumière, de vies en vies, il n'y a sûrement pas de mal à se faire du bien en actualisant notre vie, en se trouvant bien de notre temps, ici maintenant, dans la joie, l'humour et l'amour. Une percée qui m'est salutaire.

Si j'ai pris le temps de *résumer* les idées de Pierre Dubuc (un bref aperçu par rapport à son livre sur le sujet) qui fut l'animateur d'une séance de groupe sur les vies passées heureuses à laquelle j'ai participé avec enthousiasme, c'est que j'y ai puisé beaucoup de réponses. Son concept répond à ma démarche présente. L'échange et l'esprit respectueux du groupe dans une saine communication ont contribué à ma recherche de mieux-être. Non, je ne me suis pas vu en Napoléon, en Bouddha ou en Cléopâtre. Tout au plus, y ai-je saisi un sentiment de cohérence quant à ce qui se vit présentement. Une compréhension plus grande de mes défis à relever dans cette vie, la raison d'être de certains choix faits au cours des vingt dernières années, ont apporté réconfort, pacification, réconciliation, acceptation. Somme toute, c'est surtout la joie de côtoyer des personnes avec qui un lien s'était déjà établi dans d'autres vies.

Un sincère merci à l'animateur sympathique et à toutes les personnes du groupe.

Un simple et fier pèlerin de l'âme, avec amour,

Raoul. Montréal, juin 1993

Cette expérience de la découverte de nos vies passées (heureuses ou traumatiques) nous amène à des réflexions à la fois simples et d'ordre spirituel. Si nous sommes vraiment appelés à nous incarner plusieurs fois, et si nous sommes ainsi appelés à parfaire notre évolution d'une vie à l'autre, il en ressort que nous le faisons par l'expérimentation d'une foule de situations. Celles-ci nous permettent de nous découvrir et d'explorer nos talents dans cette vie, possiblement dans un but que Dieu ne nous permet pas de comprendre pleinement dans notre condition d'être humain.

Ma conception est que Dieu nous a créé par amour, pour nous faire partager sa gloire et son bonheur. La façon pour nous d'y arriver serait dans l'amour de soi, dans la découverte de soi, par l'exploration de notre nature et de nos talents dans la dimension physique. Le secret pour y arriver, pour accélérer cette évolution, serait dans l'amour de soi et dans l'écoute de ses inspirations intérieures qui nous guident dans les choix d'expérimentations, préalablement faits au niveau de l'âme, dans l'avant-vie.

Il est donc important de réaliser que, dans notre société, nous avons tendance à tout évaluer en tant que bien ou mal, bon ou mauvais. Pourtant, comme nous le réalisons dans les expériences décrites dans ce livre, chaque situation, chaque événement surviennent dans le but de nous faire évoluer : un succès, sur lequel il est important de se pencher pour le savourer pleinement, une épreuve choisie et planifiée par notre âme pour nous stimuler et nous amener à découvrir notre vrai potentiel.

209

S'il y a une morale à retenir de ce livre, c'est peut-être celle de l'importance de l'amour de soi dans l'expérimentation; c'est peut-être celle de la valeur du moment présent dans l'expérimentation, sans regret par rapport au passé, sans anxiété par rapport à l'avenir, en se permettant de chérir chaque moment de notre vie; c'est peut-être aussi celle de la joie de vivre qui anime notre âme, laquelle apprécie hautement chacun de nos efforts pour évoluer.

Si une recommandation devait être faite au lecteur pour l'aider dans son cheminement, ce serait de l'inviter à ressusciter l'enfant intérieur qui l'habitait dans sa prime jeunesse avec toute sa joie de vivre et son énergie, et de pratiquer la visualisation suivante :

> Imaginons nos propres sentiments paternels ou maternels; relions-nous à ces sentiments... Imaginons que nous tenons notre propre enfant intérieur dans nos bras en lui communiquant notre tendresse et notre affection; imaginons notre propre enfant intérieur, lors de la tendre enfance, irradiant la joie de vivre, débordant d'énergie, rempli de ce sens de l'émerveillement propre à tout enfant, jouant, s'amusant, souriant à la vie, riant de plaisir... Prenons le temps de goûter à cette scène... Graduellement, mettons-nous dans la peau du personnage de ce petit enfant que nous avons déjà été... Prenons conscience de la joie de vivre de cet enfant que nous avons déjà été... et, permettons-nous de ressentir l'amour, la tendresse et l'encouragement que nous communique notre moi-adulte... Graduellement, visualisons-nous, au

moment présent, avec cette joie de vivre, animé par ce personnage de l'enfant intérieur qui est toujours en dedans de soi... Inspiré par cet enfant, visualisons-nous, en allant de l'avant dans la vie... en tenant d'une main notre sens de l'émerveillement... et, de l'autre main, notre éclat de rire,... en allant de l'avant, joyeusement, dans la splendide aventure de la vie...

La personne qui pratiquera cette visualisation régulièrement risquera de voir surgir en elle, subtilement au début, plus ouvertement par la suite, une joie de vivre, celle qui a toujours été présente et qui animait son enfant, autrefois. Créer ou réveiller la joie de vivre, n'est-ce pas un beau cadeau à se faire?

Me voici maintenant rendu à la fin de ce livre. Je dois dire que j'éprouve plusieurs sentiments, contradictoires en apparence. Le premier est celui d'un profond sentiment de satisfaction d'avoir terminé cet ouvrage, avec lequel j'apporte, je l'espère, ma contribution à l'évolution de notre monde. J'en suis à la fois très fier et reconnaissant à tous ceux qui m'ont apporté leur aide. Néanmoins, en même temps, je ressens une certaine tristesse. Ce manuscrit m'a accompagné pendant de nombreux mois, presque quotidiennement. Et, maintenant, je dois le laisser partir, pour le remettre au public, un peu comme on laisse partir son enfant, devenu adulte.

C'est aussi avec un sentiment d'affection que je le remets à chacun de mes lecteurs. Merci de m'avoir permis de partager avec vous mes réflexions et mes expériences sur des vies antérieures.

Visualisation : La campagne

Installez-vous bien confortablement, mettez-vous bien à l'aise, fermez les yeux. Imaginez maintenant que vous prennez une marche dans la campagne, par une belle journée d'été ensoleillée... Vous marchez dans l'herbe fraîche, dans l'herbe sèche... pendant que vous ressentez la chaleur du soleil... et qu'en même temps vous ressentez l'effet d'une douce brise qui vous rafraîchit la peau... Tout est calme, paisible... Vous vous sentez en toute sécurité... Vous respirez l'air pur de la campagne, et cela vous procure une sensation de bien-être tellement agréable...

Autour de vous, vous voyez des fleurs de toutes sortes de couleurs... de jolies fleurs... elles sont tellement belles... et vous en cueillez quelques-unes, simplement pour le plaisir de les tenir dans vos mains... de les sentir... vous délectant de ces odeurs enchanteresses... Vous voyez des fruits sauvages... peut-être en cueillez-vous quelques-uns, pour vous permettre le plaisir de les déguster... délicieusement... vous détendant de plus en plus... Vous voyez des arbustes, des rochers, des arbres, des montagnes... Tout est tellement calme et paisible... Et vous vous sentez vous-même de plus en plus calme... ressentant intérieurement un doux sentiment de quiétude, si agréable...

Vous entendez aussi des bruits que l'on entend dans la campagne... comme le chant des oiseaux qui volent de branche en branche... le bruissement d'une libellule qui passe tout près... le bruit que font les écureuils... le son que font les piverts sur les arbres et dont l'écho résonne autour de vous... vous procurant une sensation de calme tellement apaisante... Et quand vous entendez le murmure d'un ruisseau, vous vous dirigez vers celui-ci et vous voyez cette eau claire et pure qui coule devant vous entre les rochers et les arbres... D'entendre le murmure de ce ruisseau vous procure un sentiment de paix intérieure... pendant que vous observez en même temps le jeu d'ombre et de lumière du soleil entre les feuilles des arbres... soleil, qui éclaire le ruisseau à certains endroits... Ce qui vous permet de voir clairement jusqu'au fond de l'eau... pour y admirer les différentes couleurs... ce qui vous donne le goût de toucher l'eau du bout des doigts... produisant ainsi une série de petites vagues concentriques... Cela vous donne alors le goût de jouer dans l'eau avec vos mains... ressentant alors la fraîcheur de l'eau qui pénètre vos mains... Et quand vous portez l'eau à votre bouche pour boire... vous ressentez alors la fraîcheur de l'eau sur vos lèvres, dans votre bouche, votre gorge et votre estomac... une sensation de fraîcheur qui se répand dans votre ventre... qui vous rafraîchit agréablement, et qui vous détend davantage...

Vous décidez de continuer votre marche en suivant un petit sentier le long du ruisseau... et vous arrivez bientôt devant un lac calme comme un miroir... Vous regardez ce lac et plus vous le regardez plus vous avez l'impression que le calme de ce lac pénètre en vous... et plus vous vous sentez calme, plus votre regard est fasciné par ce lac... Vous vous sentez tellement bien là, que vous décidez de vous installer confortablement au pied d'un arbre pour vous reposer... pendant que vous ressentez un profond sentiment de bien-être à l'intérieur de vous... Et là, vous vous apercevez que le soleil est descendu, s'est couché et a empourpré le ciel de couleurs merveilleuses qui enveloppent tout l'horizon... se reflétant dans le lac en face de vous... pendant que vous vous sentez en harmonie complète avec vous-même et l'univers qui vous entoure...

Annexe 2

Visualisation : Doux moment

Je ferme les yeux... je prends contact avec le mouvement rythmé de ma respiration... avec les mouvements ondulatoires de mon ventre... C'est par ma respiration que je laisse circuler la vie en moi... cette vie qui anime ce corps qu'ont contribué à créer mes parents... Mon corps me vient d'eux... mais ma vie vient d'ailleurs... j'existais avant même qu'ils ne pensent à me concevoir... Je suis issu du Principe de Vie même... Je suis... Je vis... Je... suis... Je suis unique...

Comme un petit bébé, mon âme perçoit par mon corps... c'est par ce qui est ressenti que se fait le lien entre mon corps et mon âme... cette conscience de ce qui se passe autour... ces bruits entendus... cette lumière qui éblouit mes yeux... ces contacts sur ma peau, le chaud, le froid, le doux, le rugueux... les odeurs que mes narines captent... ce que ma bouche absorbe... le lait chaud, ... l'eau... la purée... le jus... Toutes ces impressions qui s'impriment... ces perceptions qui me ramènent à moi-même...

Je me berce de ma respiration, de mon rythme automatique et naturel... et je suis là, tous sens ouverts... me nourrissant de toutes les perceptions sensorielles que je peux capter... Émotivement, mon âme réagit... c'est l'expression de mon moi profond... c'est la réaction de mon individualité... Oui, je suis... je suis bien vivant... puisque je ressens... et réagis... je perçois clairement ce qui se passe autour de moi... je suis comme une éponge qui absorbe l'air ambiant, les tensions, les joies, les tristesses, les préoccupations, les exubérances, les frivolités, les délicatesses, les hostilités, les brusqueries, les déceptions...

Dans ma toute puissance de petit bébé, je décide pour un moment que je deviens imperméable à cet environnement, en me confiant aux bras de Morphée, ce dieu du sommeil et du doux rêve... J'imagine me retrouver dans des bras aimants et chaleureux... j'entends les sons mélodieux d'une berceuse... chantée d'une douce voix, en même temps qu'on me berce tout doucement... et je m'abandonne... à cette grande tendresse... qui me donne le sentiment de n'exister que pour ce moment... Je n'ai rien d'autre à faire que de me laisser faire... oui, me laisser bercer tout doucement... comme un petit bébé... affectionné... sécurisé... Et je rêve... de doux rêves en rose et bleu... vaporeux... soyeux... harmonieusement synchronisés avec mon âme si riche et si douce!

J'éprouve pour moi-même une grande tendresse... Je m'aime, je suis pour moi la personne la plus importante au monde... J'ai une histoire... une très longue histoire, tellement intéressante... c'est la mienne... elle consigne toutes les expériences vécues depuis des millénaires... Aujourd'hui, je veux en connaître davantage, en ouvrant les pages de ma mémoire émotive... je visualise mon grand livre de vie... je tourne les pages... et je m'arrête à celle que me désigne mon inconscient... j'ouvre mon esprit... ce que je vais apprendre sur moi est magnifique... et digne de l'âme qu'est la mienne!... Par anticipation, en souriant à mon âme, j'accueille cette parcelle d'histoire... cette étape de mon évolution*...

* GUAY, Rachel. *Visualisations* Louise Courteau, éditrice inc., 1994

Pour rejoindre l'auteur :

Pierre Dubuc

28, rue Aubry

Saint-Sauveur (Québec) Canada

J0R 1R6

Louise Courteau
É D I T R I C E

❏ OUI, je désire recevoir des informations concernant les publications de Louise Courteau, éditrice inc., sans aucune obligation de ma part.

❏ OUI, j'accepte que mon nom soit inclus dans votre liste d'envois postaux, afin d'être informé de vos nouvelles publications, sans aucune obligation de ma part.

NOM : ————————————————————————————

ADRESSE : ——————————————————————————

VILLE : ———————————— PROVINCE : ——————————

CODE POSTAL : —————————— TÉL. : ———————————

173

Louise Courteau
É D I T R I C E

❏ OUI, je désire recevoir des informations concernant les publications de Louise Courteau, éditrice inc., sans aucune obligation de ma part.

❏ OUI, j'accepte que mon nom soit inclus dans votre liste d'envois postaux, afin d'être informé de vos nouvelles publications, sans aucune obligation de ma part.

NOM : ————————————————————————————

ADRESSE : ——————————————————————————

VILLE : ———————————— PROVINCE : ——————————

CODE POSTAL : —————————— TÉL. : ———————————

173

Louise Courteau
É D I T R I C E

❑   OUI, je désire recevoir des informations concernant les publications de
    Louise Courteau, éditrice inc., sans aucune obligation de ma part.

❑   OUI, j'accepte que mon nom soit inclus dans votre liste d'envois postaux,
    afin d'être informé de vos nouvelles publications, sans aucune obligation
    de ma part.

NOM : _____

ADRESSE : _____

VILLE : _____ PROVINCE : _____

CODE POSTAL : _____ TÉL. : _____

173

Louise Courteau
É D I T R I C E

❑   OUI, je désire recevoir des informations concernant les publications de
    Louise Courteau, éditrice inc., sans aucune obligation de ma part.

❑   OUI, j'accepte que mon nom soit inclus dans votre liste d'envois postaux,
    afin d'être informé de vos nouvelles publications, sans aucune obligation
    de ma part.

NOM : _____

ADRESSE : _____

VILLE : _____ PROVINCE : _____

CODE POSTAL : _____ TÉL. : _____

173

Louise Courteau, éditrice inc.

481, chemin du Lac-Saint-Louis Est
Saint-Zénon (Québec) Canada
J0K 3N0

Louise Courteau, éditrice inc.

481, chemin du Lac-Saint-Louis Est
Saint-Zénon (Québec) Canada
J0K 3N0

Achevé d'imprimer
en octobre 1994 sur les presses
des Ateliers Graphiques Marc Veilleux Inc.
Cap-Saint-Ignace, (Québec).